어린이 수학동아

contents

표지이야기

분수나라의 사이 좋은 남매예요. 분나는 $\frac{3}{5}$만큼 채워진 장독대에 쌀가루 $\frac{2}{5}$만큼을 더 채우고 있어요. 분동이는 $\frac{1}{3}$씩 나뉜 가마니 3개를 짊어지고 어디론가 바삐 가고 있네요. 분나와 분동이의 이야기를 '이야기로 냠냠! 여수잼'에서 확인하세요!

10  사이 좋은 분수 남매의 몰래 주기 대작전

44 유니콘 마을의 저주를 풀어줘!

숫자로 보는 뉴스

06  윙윙~ 모기 살려! 모기가 $\frac{3}{10}$만큼 줄었다!

수학 개념 완전정복!

- **04** 수학 교과 단원맵
- **08** 어수티콘
  약분
- **18** 수콤달콤 연구소
  차근차근 순서대로! 분수와 소수의 혼합 계산
- **22** 꿀꺽! 생활 속 수학 한 입
  분수로 뚝딱뚝딱! 브릭나라에 오신 걸 환영합니다~
- **48** 수학 궁금증 해결! 출동, 슈퍼M
  알찬 계획표, 어떻게 만드나요?
- **76** 똥손 수학체험실
  분수 피자를 모아서 피자 한 판을 완성하라!
- **80** 옥톡과 달냥의 우주탐험대
  성간공간과 성운
- **82** 수학 플레이리스트

진짜 재밌는 수학만화

- **26** 인공지능 로봇 마이보2
  젤락시온의 등장!
- **36** 헬로 매스 지옥 선수촌
  넌 누구냐, 블랙 캐스퍼!
- **52** 수리국 신한지의 비밀
  홍단의 과거
- **60** 놀러와! 도토리 슈퍼
  돌고 돌아 도착한 곳은?
- **68** 요리왕 구단지
  가방이 바뀌었어!
- **84** 우당탕탕 수학 과몰입러
  게임할 때도 과몰입러!

수학 교과 단원맵

15호 수와 연산 분수와 소수 ❸

이번 호 <어린이수학동아>가 초등 수학 교과의 어느 단원과 연결되는지 확인해 보세요. 어수동을 재밌게 읽는 동안 수학의 기초가 튼튼해져요!

	1학년		2학년		3학년		4학년		5학년		6학년	
	1학기	2학기	1학기	2학기	1학기	2학기	1학기	2학기	1학기	2학기	1학기	2학기
수와 연산	9까지의 수	100까지의 수	세 자리 수	네 자리 수	덧셈과 뺄셈	곱셈	큰 수	**분수의 덧셈과 뺄셈**	자연수의 혼합 계산	**분수의 곱셈**	**분수의 나눗셈**	분수의 나눗셈
	덧셈과 뺄셈	덧셈과 뺄셈①	덧셈과 뺄셈	곱셈구구	나눗셈	나눗셈	곱셈과 나눗셈	소수의 덧셈과 뺄셈	약수와 배수	소수의 곱셈	소수의 나눗셈	소수의 나눗셈
	50까지의 수	덧셈과 뺄셈②	곱셈		곱셈	**분수**			**약분과 통분**			
		덧셈과 뺄셈③			**분수와 소수**				**분수의 덧셈과 뺄셈**			
규칙성				규칙 찾기			규칙 찾기		규칙과 대응		비와 비율	비례식과 비례배분
											여러 가지 그래프	
도형	여러 가지 모양	여러 가지 모양	여러 가지 도형		평면도형	원	각도	삼각형	다각형의 둘레와 넓이	합동과 대칭	각기둥과 각뿔	공간과 입체
							평면도형의 이동	사각형		직육면체	직육면체의 부피와 겉넓이	원의 넓이
								다각형				원기둥, 원뿔, 구
측정	비교하기	시계 보기와 규칙 찾기	길이 재기	길이 재기	길이와 시간	들이와 무게			수의 범위와 어림하기			
					시각과 시간							
자료와 가능성			분류하기	표와 그래프		자료의 정리	막대 그래프	꺾은선 그래프	평균과 가능성			

교과서랑 같이 봐요!

함께 생각해 봐요!

사이 좋은 분수 남매의 몰래 주기 대작전

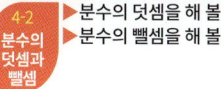

4-2 분수의 덧셈과 뺄셈	▶ 분수의 덧셈을 해 볼까요 ▶ 분수의 뺄셈을 해 볼까요
5-1 분수의 덧셈과 뺄셈	▶ 분수의 덧셈을 해 볼까요 ▶ 분수의 뺄셈을 해 볼까요

10p

☑ 분모가 같은 두 분수를 더할 때 분모는 그대로 두고 분자끼리만 더하는 이유를 알고 있나요? 분모끼리는 왜 더하지 않을까요? 친구나 가족에게 설명해 보세요.

☑ 분모가 서로 다른 분수들의 덧셈, 뺄셈을 계산하는 방법은 여러 가지예요. 여러분은 어떤 방법이 가장 쉬운 것 같나요? 왜 그런가요?

분수로 뚝딱뚝딱! 브릭 나라에 오신 걸 환영합니다~

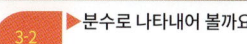

3-2 분수	▶ 분수로 나타내어 볼까요
5-1 약분과 통분	▶ 분모가 같은 분수로 나타내어 볼까요

22p

☑ 장난감 브릭 중에는 또 어떤 모양의 브릭이 있나요? 더 다양한 브릭을 분수로 표현해 봐요.

☑ 브릭을 조립해서 '분수'를 표현하는 작품을 만들어 보세요. 어떤 작품을 만들었는지, 왜 그렇게 만들었는지 팝콘플래닛에 자랑해 주세요.

알찬 계획표, 어떻게 만드나요?

5-1 약분과 통분	▶ 분수를 간단하게 나타내어 볼까요
5-1 분수의 덧셈과 뺄셈	▶ 분수의 덧셈을 해 볼까요 ▶ 분수의 뺄셈을 해 볼까요

48p

☑ 하루는 24시간이에요. 24의 약수(나누어떨어지게 하는 수)는 어떤 수들인지 적어보세요.

☑ 만약 하루가 30시간이라면, 또는 50시간이라면 어떤 하루를 보내고 싶은지 계획표를 만들어 봐요.

분수 피자를 모아서 피자 한 판을 완성하라!

5-1 약분과 통분	▶ 분모가 같은 분수로 나타내어 볼까요 ▶ 분수의 크기를 비교해 볼까요
5-1 분수의 덧셈과 뺄셈	▶ 분수의 덧셈을 해 볼까요 ▶ 분수의 뺄셈을 해 볼까요

76p

☑ 피자 한 판 완성하기 게임을 잘할 수 있는 나만의 방법이 있다면 알려주세요.

☑ 피자 한 판 완성하기 게임을 '케이크 완성하기 게임', '햄버거 완성하기 게임'으로 만들 수도 있지요. 나만의 분수 게임도 만들어 보세요.

숫자로 보는 뉴스

글 최은솔 기자(eunsolcc@donga.com) **디자인** 오진희 **사진** 질병관리청, GIB

윙윙~ 모기 살려! 모기가 $\frac{3}{10}$ 만큼 줄었다!

❷ 입구로 들어온 모기의 수를 세요.

❸ 기계에 들어간 모기는 이렇게 망 안에 채집돼요.

❶ 이산화탄소를 내뿜어 모기를 유인해 빨아들여요.

일일모기발생감시장비(DMS)

모기가 어디에 얼마나 있는지 정확하게 세는 과학적인 방법으로 모기의 수를 약 30% 줄일 수 있다는 게 확인됐어요. 만약 100마리의 모기가 있다면, 그중 30마리가 줄어든 70마리만 남게 되는 셈이에요.

질병관리청은 '일일모기발생감시장비(DMS)'라는 기계를 이용해 모기의 수를 조사했어요. DMS는 모기가 자주 활동하는 시간인 오후 6시부터 오전 5시 사이에 모기가 좋아하는 이산화탄소★를 뿜어내서 유인한 다음, 기계 안으로 들어온 모기의 수를 자동으로 세요. DMS를 곳곳에 설치해두면 특히 어디에 모기가 많은지, 갑자기 어떤 곳에 모기가

#모기 #일일모기발생감시장비 #분수의_덧셈 #대분수

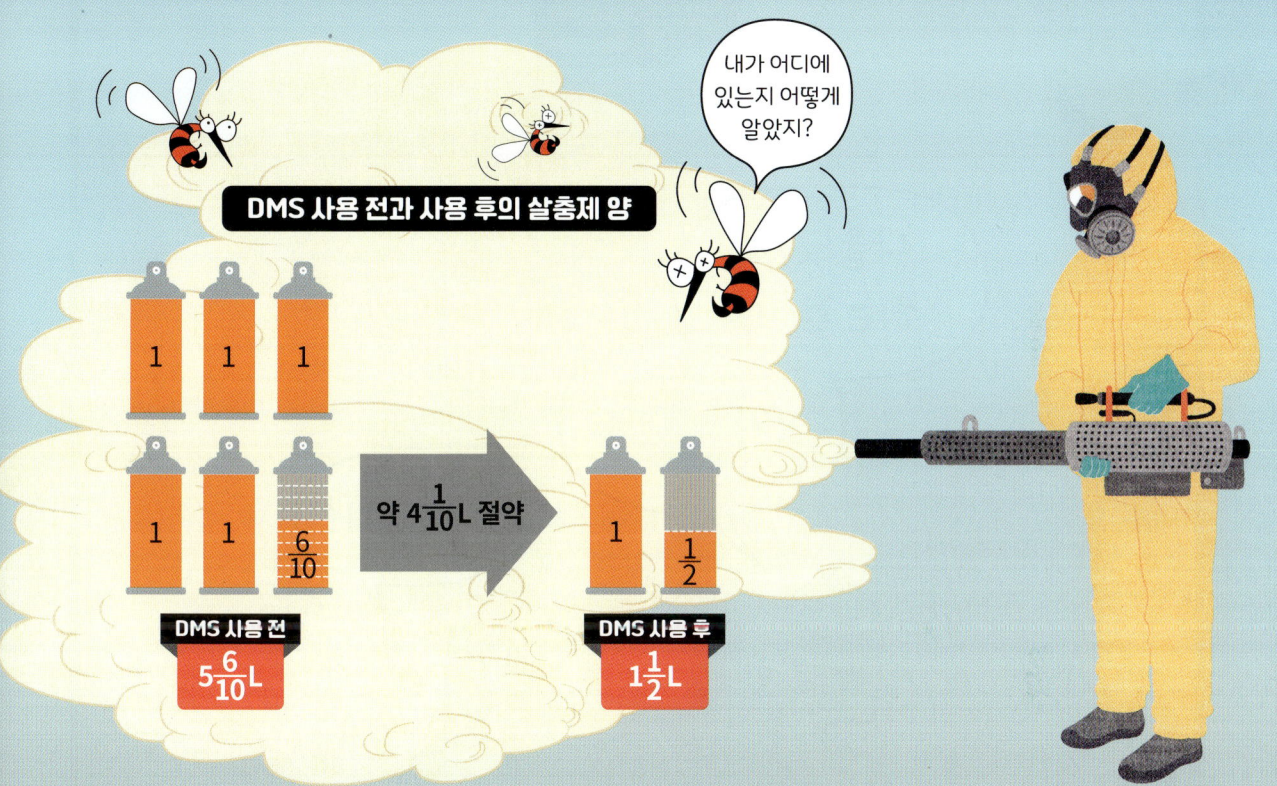

많아졌는지 등을 파악할 수 있지요.

이렇게 모기의 수를 분석하면 살충제★를 모기가 많은 곳에만 뿌릴 수 있어요. 또 언제 얼마만큼의 살충제를 뿌리면 좋을지도 결정할 수 있지요. 이전까지는 모기에 대해 정확한 정보가 없어서 정해진 구역에, 정해진 횟수만큼 살충제를 뿌렸는데, DMS를 활용하면 더 적은 양의 살충제로도 모기 수를 줄일 수 있게 된 거예요. 이전에는 약 $5\frac{6}{10}$ L(리터)의 살충제를 사용했다면, DMS를 활용한 뒤에는 $1\frac{1}{2}$ L만으로도 모기 수를 줄일 수 있었지요.

지영미 질병관리청장은 "모기 수에 대한 정보를 바탕으로 체계적으로 관리한다면, 살충제를 덜 사용하는 것은 물론 말라리아★와 같은 감염병으로부터 시민들을 안전하게 지킬 수 있을 거예요."라고 말했어요.

용어 설명

이산화탄소★ 산소 원자 2개와 탄소 원자 1개가 결합한 물질이에요. 사람이 내쉬는 숨에도 일부 들어 있어요.

살충제★ 벌레를 죽이기 위해 쓰는 약을 말해요.

말라리아★ 얼룩날개모기가 옮기는 병이에요. 말라리아로 전 세계에서 매년 50만 명이 목숨을 잃어요.

약분

분수 $\frac{5}{15}$가 많이 아파 보여요! 열이 나는지 땀을 뻘뻘 흘리고, 표정도 잔뜩 찌푸렸어요. 감기에 걸린 걸까요? 이럴 땐 얼른 약을 먹어야 낫는데…. 네? $\frac{5}{15}$에게 필요한 건 약이 아니라 '약분'이라고요?

글 최은혜 기자(ehchoi@donga.com) **일러스트** 밤곰
#수학용어 #수학개념 #이모티콘 #약분 #기약분수

크기는 그대로지만 더 간단해!

어수동: $\frac{5}{15}$에게 약분이 필요하다니, 무슨 뜻인가요?

수학에서 어떤 분수를 더 간단한 분수로 만드는 걸 '약분'이라고 하거든요. 분수 $\frac{5}{15}$도 더 간단한 분수로 약분할 수 있지요. 약분하는 방법은 분모와 분자를 공약수★로 나누는 거예요. 분모 15와 분자 5를 공약수인 5로 각각 나누면 $\frac{1}{3}$이 돼요. 공약수 중에서도 최대공약수로 약분하면 가장 간단한 분수로 나타낼 수 있답니다.

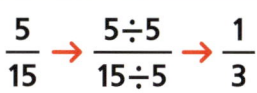

공약수★ 둘 이상의 수에 공통으로 있는 약수를 말해요. 공약수 중에서 가장 큰 수는 최대공약수라고 해요.

어수동: $\frac{5}{15}$가 $\frac{1}{3}$이 된다고요? 그럼 다른 수가 되는 건가요?

아니에요! 약분해도 분수의 크기는 그대로예요. 전체를 15조각으로 나눈 것 중 5조각과 3조각으로 나눈 것 중 1조각은 같은 크기이지요. 크기는 변하지 않으면서 더 간단한 분수로 만드는 게 바로 약분이랍니다.

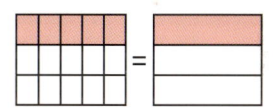

어수동: 아하, 그래서 $\frac{1}{3}$이 '살았다!'라고 한 거군요!

맞아요. $\frac{1}{3}$은 '기약분수'라고도 해요. 분모와 분자의 공약수가 1뿐인 분수이지요. 🅜

독자들의 어수티콘과 3행시를 소개합니다!

이름이 '부등호'인 악어가 "더 큰 거 먹을 거다!"라고 말하고 있어요.

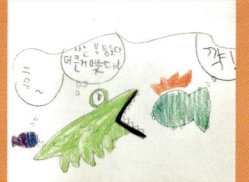

강다연(niman486)

부 부등호는
등 등호(=)와 달라 바둑에서
호 호구와 비슷하네ㅎㅎ

이서헌(430honey)

나만의 수학 용어 이모티콘과 3행시를 만들어 주세요!

사이 좋은 분수 남매의 몰래 주기 대작전

글 최송이 기자(song1114@donga.com) **디자인** 오진희 **일러스트** 남동완

#진분수 #대분수 #덧셈 #뺄셈 #받아올림 #받아내림

옛날 옛날 아주 먼~ 옛날, 분수나라에는 사이 좋은 쌍둥이 남매 분나와 분동이가 살았어요. 분나와 분동이는 서로를 끔찍이 아꼈지만, 분수마을의 끝과 끝에서 각자 떡 가게와 빵 가게를 운영하느라 멀리 떨어져 살아야만 했지요.

어느 날 아침, 분동이는 평소처럼 '분동이네 대빵 맛있는 빵집'에 쌀가루가 얼마나 남았는지 세어 보았어요.

"이 장독대에는 쌀가루가 $\frac{3}{5}$만큼, 저 장독대에는 $\frac{4}{5}$만큼 남았으니…. 두 쌀가루를 한 장독대에 합쳐 볼까?"

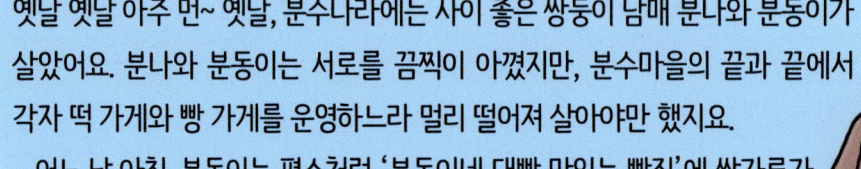

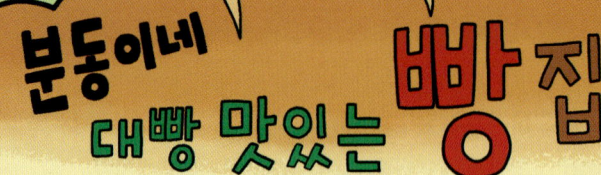

$$\frac{3}{5}+\frac{4}{5}=\frac{3+4}{5}=\frac{7}{5}=1\frac{2}{5}$$

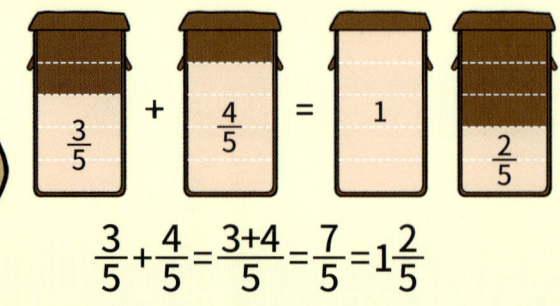

"장독대 하나를 가득 채우고도 $\frac{2}{5}$만큼이 남다니, 당분간은 쌀가루 걱정이 없겠어! 분나도 쌀가루가 필요할 텐데, 몰래 가져다줄까?"

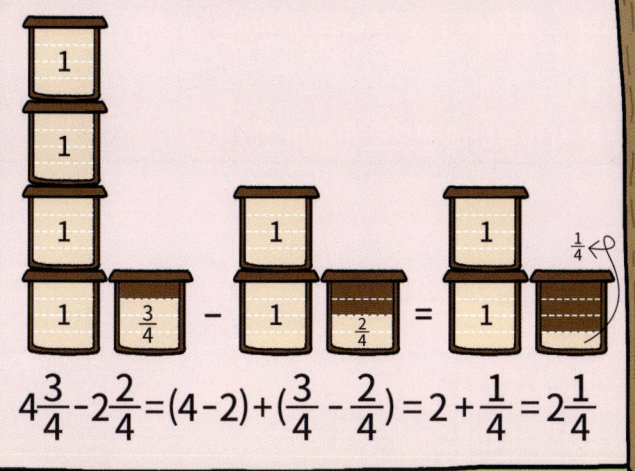

$4\frac{3}{4} - 2\frac{2}{4} = (4-2) + (\frac{3}{4} - \frac{2}{4}) = 2 + \frac{1}{4} = 2\frac{1}{4}$

같은 시각, 분나 역시 '분나네 찰떡같은 떡집'에서 쌀가루가 얼마나 남았는지 세고 있었어요.

"어제 아침엔 쌀가루가 $4\frac{3}{4}$ 장독대만큼 있었는데, 장사하면서 $2\frac{2}{4}$ 만큼 썼으니까…. 아직 $2\frac{1}{4}$ 만큼이나 남았네! 분동이에게 조금 나눠줘야겠다!"

분모가 같은 분수의 덧셈과 뺄셈

❶ 진분수

분모는 그대로 두고 분자끼리 계산해요. 만약 진분수의 합이 가분수면 대분수로 바꿔요.

예) $\frac{5}{7} + \frac{4}{7} = \frac{5+4}{7} = \frac{9}{7} = 1\frac{2}{7}$

예) $\frac{4}{6} - \frac{3}{6} = \frac{4-3}{6} = \frac{1}{6}$

❷ 대분수

자연수 부분끼리 계산하고, 진분수 부분끼리 계산한 뒤, 두 계산 결과를 더해요. 만약 진분수 부분의 합이 가분수면 대분수로 바꿔 자연수 부분의 합과 더해요.

예) $1\frac{3}{4} + 2\frac{2}{4} = (1+2) + (\frac{3}{4} + \frac{2}{4}) = 3 + \frac{5}{4} = 3 + 1\frac{1}{4} = 4\frac{1}{4}$

대분수를 가분수로 바꿔서 계산할 수도 있어요.

예) $3\frac{5}{8} - 2\frac{2}{8} = \frac{29}{8} - \frac{18}{8} = \frac{11}{8} = 1\frac{3}{8}$

그날 밤, 장사를 마친 분동이는 꽉 차 있는 장독대에서 $\frac{3}{5}$만큼의 쌀가루를 덜어서 지게에 실었어요. 분나에게 몰래 쌀가루를 가져다주기 위해서였지요.

"$1-\frac{3}{5}$을 계산하면 $\frac{2}{5}$가 남네. 나는 $\frac{2}{5}$만큼만 있어도 충분히 내일 장사를 할 수 있으니, 분나에게 슬쩍 가져다줘야겠어!"

분동이는 쌀가루를 지고 분나네 집으로 향했어요.

분동이네 대빵 맛있는 빵 집

$$1-\frac{3}{5}=\frac{5}{5}-\frac{3}{5}=\frac{2}{5}$$

자연수 - 분수

❶ 1-(진분수)

1은 분수로 나타내면 분모와 분자가 같은 수예요. 빼는 분수와 같은 분모가 되도록 고쳐서 계산하면 쉬워요.

예) $1-\frac{1}{4}=\frac{4}{4}-\frac{1}{4}=\frac{3}{4}$

❷ (자연수)-(대분수)

진분수끼리 뺄 수 없는 상황일 때, 자연수에서 1만큼을 분수로 바꿔서 계산해요.

예) $4-1\frac{2}{3}=3\frac{3}{3}-1\frac{2}{3}=2\frac{1}{3}$

자연수와 대분수를 모두 가분수로 바꿔 분자끼리 빼는 방법도 있어요.

예) $4-1\frac{2}{3}=\frac{12}{3}-\frac{5}{3}=\frac{7}{3}=2\frac{1}{3}$

같은 시각, 분나도 분동이에게 줄 쌀가루를 챙기고 있었어요.

"$2\frac{2}{4}$ 만큼의 쌀가루가 있으니까, 분동이에게 $1\frac{3}{4}$ 만큼 가져다줘야겠어. 아무래도 빵을 만들려면 쌀가루가 더 많이 필요할 테니까! 그래도 나에겐 $\frac{3}{4}$ 만큼이 남으니 괜찮아."

분나도 쌀가루를 지게에 가득 지고 분동이네 집으로 살금살금 출발했어요. 다음 날에도, 또 그 다음 날에도 분나와 분동이는 매일 밤마다 서로의 집에 쌀가루와 물, 우유를 조금씩 가져다 놓곤 했지요. 아주 몰래, 서로에게 들키지 않게 조심하면서요.

분모가 같고 받아내림이 있는 대분수의 뺄셈

$3\frac{1}{3} - 1\frac{2}{3}$에서 진분수 부분인 $\frac{1}{3}$에서 $\frac{2}{3}$를 뺄 수 없으므로, 자연수 부분에서 1만큼을 $\frac{3}{3}$으로 가져와요. 이를 '받아내림'이라고 해요. 받아내림을 하면 $3\frac{1}{3} = 2\frac{4}{3}$가 되지요. 그다음, 자연수는 자연수끼리, 분수는 분수끼리 빼요.

그러던 어느 날이었어요. 평소처럼 창고에 남아있는 재료를 세어 보던 분동이는 뭔가 이상하다고 느꼈어요. 같은 날, 곳간의 문을 열어본 분나도 고개를 갸우뚱했지요.

$$\frac{1}{4} + \frac{2}{3} = \frac{3}{12} + \frac{8}{12} = \frac{11}{12}$$

"내가 가지고 있던 우유는 분명 $\frac{1}{4}$병이었는데, 모르는 사이에 $\frac{2}{3}$병이 늘었어. 두 병을 합치니 $\frac{11}{12}$만큼으로 많아졌네. 누가 나에게 선물한 걸까? 재료를 주고 간 고마운 분을 위해 맛있는 빵을 만들어야겠어. 만드는 김에 분나에게도 빵을 가져다줘야겠다!"

분동이는 누군가 주고 간 우유와 쌀가루로 맛있는 빵을 만들었어요.

 같은 시각, 분나도 누군가가 남겨두고 간 쌀가루와 물을 보며 고민에 빠졌어요.
"흠…. 감사한 분이 오셔서 드실 수 있도록 떡을 만들어둘까? 쌀가루가 $2\frac{3}{4}$ 만큼 있으니까, 이중 $1\frac{3}{10}$ 만큼만 남겨두고 떡을 만들어야겠어! 만드는 김에 분동이에게도 가져다줘야지~!"

분모가 다를 땐 두 분수를 통분해서 계산해요.

❶ 자연수는 자연수끼리 계산하고, 분수는 분수끼리 통분해 계산하는 방법

$$2\frac{3}{4} - 1\frac{3}{10} = 2\frac{15}{20} - 1\frac{6}{20} = (2-1) + \left(\frac{15}{20} - \frac{6}{20}\right) = 1 + \frac{9}{20} = 1\frac{9}{20}$$

❷ 대분수를 가분수로 바꿔 통분하여 계산하는 방법

$$2\frac{3}{4} - 1\frac{3}{10} = \frac{11}{4} - \frac{13}{10} = \frac{55}{20} - \frac{26}{20} = \frac{29}{20} = 1\frac{9}{20}$$

 그날 밤, 분동이와 분나는 감사한 분에게 드릴 것을 남겨두고는 서로에게 줄 빵과 떡을 지게에 싣고 길을 나섰어요. 절반 정도 지났을 때, '꽈당' 누군가와 부딪혔어요. 고개를 들어 살펴보니 분나 앞에는 분동이가, 분동이 앞에는 분나가 서 있었지요. 그제서야 서로의 정체를 알아챈 분나와 분동이는 함박웃음을 터뜨렸어요.

입이 떡

오랜만에 만난 분나와 분동이는 한참 동안 수다를 떨었어요. 그러다, 곰곰이 생각하던 분나가 먼저 말을 꺼냈지요.

"우리, 마을 한가운데에 같이 가게를 차려보면 어때?"

분동이가 힘차게 고개를 끄덕이며 대답했어요.

"좋아! 맛있는 떡과 빵을 같이 파는 거야! 더 이상 마을 끝과 끝을 오갈 필요도, 따로 떨어져서 살 필요도 없어!"

분나와 분동이는 각자 가지고 있던 재료를 모두 합쳐서 재료가 얼마나 남았는지 확인했지요.

"내가 가진 물 $\frac{3}{4}$병과 네가 가진 물 $\frac{7}{10}$병을 합쳐 보자. 쌀가루 $2\frac{5}{6}$통과 $3\frac{3}{4}$통도 합치고!"

분동이네 재료
- 물 $\frac{3}{4}$ 병
- 쌀가루 $2\frac{5}{6}$ 통

분나네 재료
- 물 $\frac{7}{10}$ 병
- 쌀가루 $3\frac{3}{4}$ 통

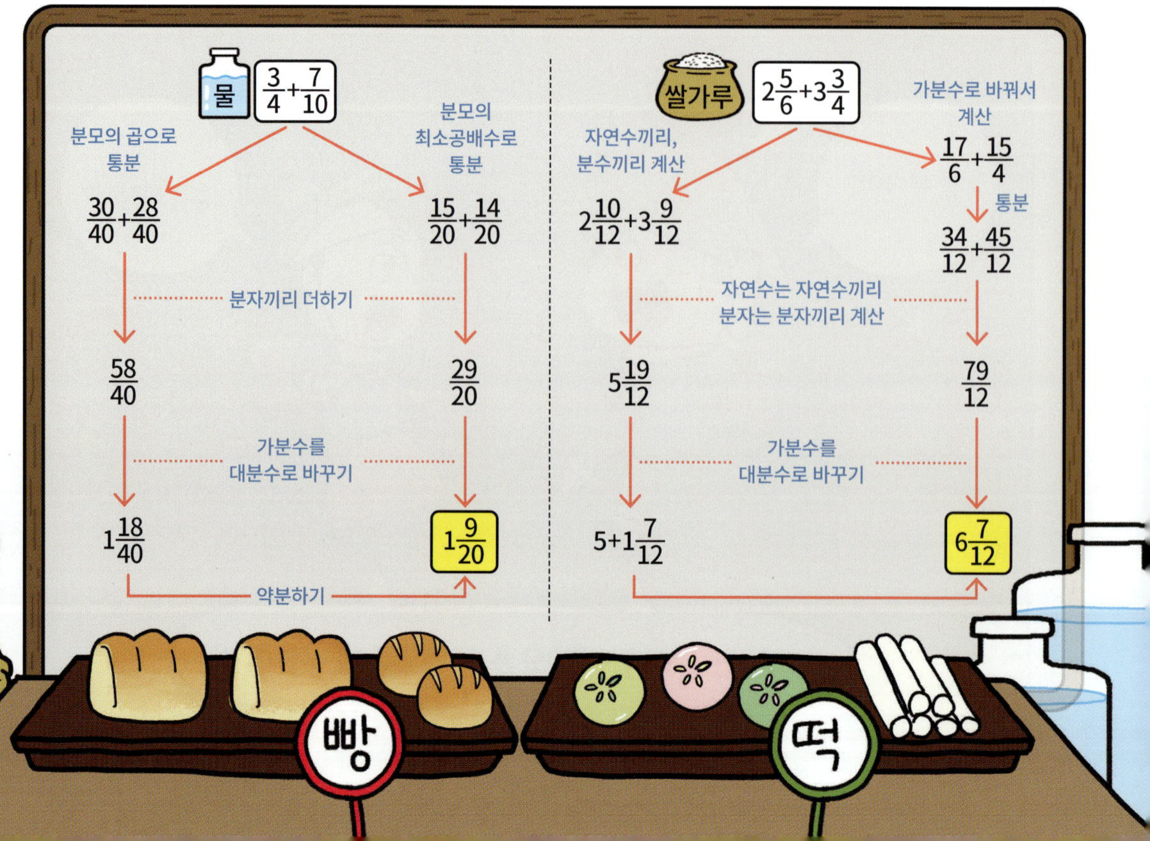

물 $\frac{3}{4} + \frac{7}{10}$

분모의 곱으로 통분
$$\frac{30}{40} + \frac{28}{40}$$

분모의 최소공배수로 통분
$$\frac{15}{20} + \frac{14}{20}$$

분자끼리 더하기

$$\frac{58}{40}$$

$$\frac{29}{20}$$

가분수를 대분수로 바꾸기

$$1\frac{18}{40}$$

$$\boxed{1\frac{9}{20}}$$

약분하기

쌀가루 $2\frac{5}{6} + 3\frac{3}{4}$

자연수끼리, 분수끼리 계산
$$2\frac{10}{12} + 3\frac{9}{12}$$

가분수로 바꿔서 계산
$$\frac{17}{6} + \frac{15}{4}$$

통분
$$\frac{34}{12} + \frac{45}{12}$$

자연수는 자연수끼리 분자는 분자끼리 계산

$$5\frac{19}{12}$$

$$\frac{79}{12}$$

가분수를 대분수로 바꾸기

$$5 + 1\frac{7}{12}$$

$$\boxed{6\frac{7}{12}}$$

벌어지는 빵집

분나와 분동이는 서로 힘을 합쳐 빵과 떡을 만들어 팔기 시작했어요. 콩가루를 넣어 만든 빵, 우유를 넣어 만든 떡도 신제품으로 내놓았지요.

"오늘 장사 끝~! 다 팔지 못한 빵과 떡은 이웃들에게 나눠 주자! 어때?"

"좋아! 빵과 떡이 각각 몇 개씩 남았는지 세어 보자!"

자연수 부분에서 1을 받아내림 했어요!

빵: $5\frac{1}{3} - 3\frac{1}{2} = 5\frac{2}{6} - 3\frac{3}{6} = 4\frac{8}{6} - 3\frac{3}{6} = (4-3) + (\frac{8}{6} - \frac{3}{6}) = 1 + \frac{5}{6} = 1\frac{5}{6}$

자연수끼리, 분수끼리 계산

최소공배수로 통분!

떡: $4\frac{5}{12} - 1\frac{3}{8} = \frac{\square}{12} - \frac{\square}{8} = \frac{106}{\square} - \frac{33}{\square} = \frac{73}{24} = \square\frac{\square}{24}$

가분수로 바꿔서 계산

분나와 분동이는 매일 열심히 만든 빵과 떡이 남으면 어려운 이웃들에게 아낌없이 나눠줬어요. 분나와 분동이의 착한 마음씨와 뛰어난 솜씨는 순식간에 소문이 났지요. 분나와 분동이의 '입이 떡 벌어지는 빵집'에는 분수나라 손님들의 발길이 아주 아주 오래도록 끊이지 않았답니다!

가분수로 바꿔 계산하려면? 빈칸을 채워 봐!

차근차근 순서대로!
분수와 소수의 혼합 계산

분수와 소수가 함께 있는 계산도 차근차근 순서대로 하면 어렵지 않아요. 수콤 연구소장과 달콤 요리사가 알려주는 비법을 하나씩 따라가 봐요.

글 최은혜 기자(ehchoi@donga.com) **디자인** 오진희 **일러스트** 허경미, GIB

소수를 분수로 바꾸기

분수를 소수로 바꾸기

소수를 나누기

분수, 소수 중 한 가지로 통일해서 계산해!

수콤달콤 연구소는 어린이들이 '쓴맛'으로 꼽은 초등수학 내용을 달콤하게 바꿔드려요.

핵심 연구원

 연구소장 수콤
'수학을 달콤하고 맛있게 만들기'가 목표인 허당 소장이에요.

 수학 요리사 달콤
어떤 수학도 달콤하게 만드는 달인이에요.

$$\frac{8}{10} \div \frac{4}{5}$$

역수로 바꾸고 곱하기

$$\frac{8}{10} \times \frac{5}{4}$$

분모끼리 분자끼리 곱하기

약분해서 기약분수 만들기

분수로 통일할 때와 소수로 통일할 때 계산 과정이 어떻게 다른지 살펴봐!

★ 분수의 나눗셈을 하려면 '나누기'를 '곱하기'로 바꾸고, 나누는 수의 분모와 분자를 서로 바꿔 **역수**로 만들어요.

★ **약분**은 분수의 분모와 분자를 공약수로 나누는 것을 뜻해요.

★ **기약분수**는 분모, 분자의 공약수가 1뿐인 분수를 말해요.

$$\frac{20}{20} = 1$$

사과 주스

혼합 계산 아이스크림 공장

혼합 계산 시작

$$0.3 + 6 \times \left(0.5 - \frac{1}{3}\right)$$

괄호 먼저 계산!
분수와 소수 중
한 가지로 통일

$$0.3 + 6 \times \left(\frac{5}{10} - \frac{1}{3}\right)$$

괄호 먼저! 곱셈, 나눗셈 먼저!

덧셈과 뺄셈, 곱셈, 나눗셈이 함께 있는 식을 계산할 때도 순서대로 하나씩 계산하면 쉬워요. 가장 먼저 괄호 안을 계산하고, 그 다음 곱셈이나 나눗셈을 계산한 뒤, 마지막으로 덧셈이나 뺄셈을 계산해요.

약분해서
기약분수 만들기

$$0.3 + 6 \times \left(\frac{\overset{1}{\cancel{5}} \div 5}{\underset{2}{\cancel{10}} \div 5} - \frac{1}{3}\right)$$

수콤달콤 비법

분수, 소수 바꾸기가 중요해요!

복잡해 보이는 식도 어떤 순서로 계산할지 생각해 보고 차근차근 풀면 쉽게 해결돼요. 분수를 소수로, 소수를 분수로 바꿀 줄 알면 분수와 소수가 섞인 계산도 문제 없어요!

분수끼리 빼기
위해 **통분**

$$0.3 + 6 \times \left(\frac{1 \times 3}{2 \times 3} - \frac{1 \times 2}{3 \times 2}\right)$$

분수의 뺄셈하기

$$0.3 + 6 \times \left(\frac{3}{6} - \frac{2}{6}\right)$$

★**통분**은 두 분수의 분모를 같게 만드는 거예요. 분모의 최소공배수를 분자와 분모에 각각 곱해요.

곱셈, 나눗셈을 먼저 계산

$$0.3 + \overset{1}{\cancel{6}} \times \frac{1}{\cancel{6}}_1$$

곱셈 후 덧셈

$$0.3 + 1 = 1.3$$

곱셈, 나눗셈이 연달아 있으면 앞에서부터 계산해. 덧셈, 뺄셈도 마찬가지야.

분수로 뚝딱뚝딱! 브릭 나라에 오신 걸 환영합니다~

여러분 안녕! 나는 알록달록 브릭*으로 건축물을 짓는 건축가 '척척이'야. 작은 브릭을 모으고 쌓아 멋진 건축물을 만들지. 건축물을 만들려면 분수를 더하고 뺄 줄 알아야 해. 나와 함께 멋진 건축물을 만들어 보자!

글 최은솔 기자(eunsolcc@donga.com) **디자인** 김은지 **사진** GIB, 어린이수학동아
#브릭 #건축 #분수의_덧셈

척척아, 빨리 와!

분수를 더해서 큰 브릭을 만들어 보자고~!

용어 설명
브릭* 영어로 '벽돌'이라는 뜻인데, 여기서는 조립할 수 있는 플라스틱 장난감을 말해요.

건축물을 만들기 위해 특별한 재료가 필요해. 바로 브릭이지! 브릭에서 튀어나온 동그라미를 '스터드'라고 부르는데, '세로변에 있는 스터드의 개수×가로변에 있는 스터드의 개수'로 브릭의 이름을 나타내. 여기, 5가지 종류의 브릭이 있어. 4×2, 4×1, 2×2, 1×2, 1×1 브릭이야. 브릭의 이름을 분수로 표현해 보자.

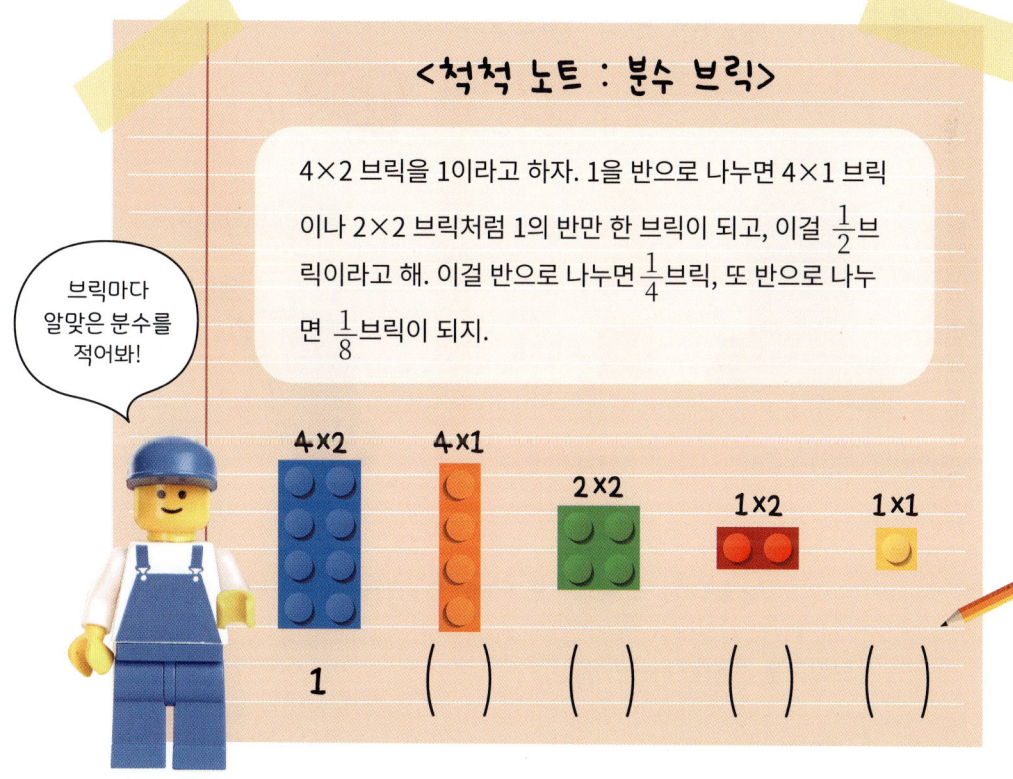

<척척 노트 : 분수 브릭>

4×2 브릭을 1이라고 하자. 1을 반으로 나누면 4×1 브릭이나 2×2 브릭처럼 1의 반만 한 브릭이 되고, 이걸 $\frac{1}{2}$ 브릭이라고 해. 이걸 반으로 나누면 $\frac{1}{4}$ 브릭, 또 반으로 나누면 $\frac{1}{8}$ 브릭이 되지.

브릭마다 알맞은 분수를 적어봐!

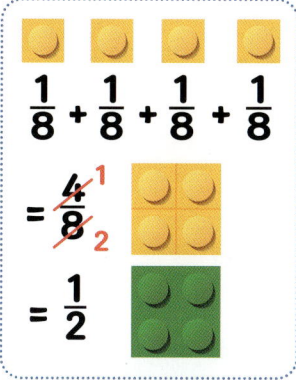

그런데, 만약 건축을 하다가 $\frac{1}{2}$ 브릭이 부족할 땐 어떻게 해야 할까? 그럴 땐 **분수의 덧셈**을 활용해 브릭을 만들면 돼. $\frac{1}{8}$ 브릭 4개를 더하면 $\frac{1}{8}+\frac{1}{8}+\frac{1}{8}+\frac{1}{8}=\frac{4}{8}$ 야. $\frac{4}{8}$ 의 분자와 분모를 공약수★인 4로 각각 나누면 $\frac{1}{2}$ 이 되지. 이렇게 분수를 더해서 필요한 브릭을 만들 수 있어. 어때, 이제 멋진 건축물을 만들 준비가 됐어?

용어 설명

공약수★ 두 수가 공통으로 가진 약수를 말해요.

금방이라도 날아오를 듯한 우주선이 보이니? 나, 척척이가 만든 우주선이지. 우주선 발사가 성공적으로 끝나자, '브릭 우주국'에서 우주선을 하나 더 만들어달라는 요청이 왔어. 우주선 1개를 만들기 위해서는 1브릭 6개와 $\frac{1}{2}$브릭 5개가 필요해. 그런데, 지금 재료가 $\frac{1}{4}$브릭만 남아 있어. $\frac{1}{4}$브릭으로만 우주선을 만들어야 한다면, 총 몇 개의 브릭이 필요할까?

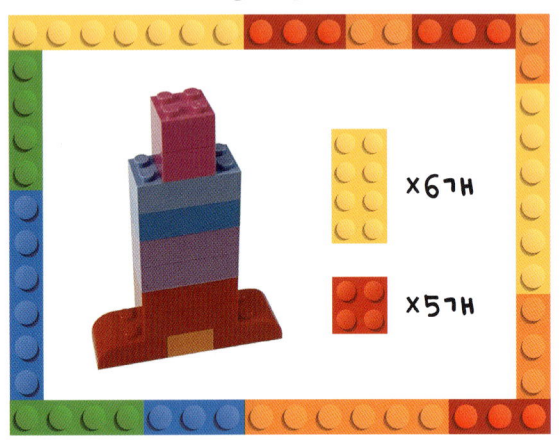

끝이 둥근 브릭도 스터드가 4개니까 $\frac{1}{2}$브릭이라고 해!

<척척 노트 : 우주선 만들기>

$\frac{1}{4}$브릭으로 큰 브릭 만들기 Tip

$\frac{1}{2}$브릭 = $\frac{1}{4}$ + $\frac{1}{4}$ = $\frac{2}{4}$

$\frac{1}{2}$브릭을 만들려면 $\frac{1}{4}$브릭이 2개 필요해!

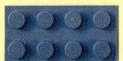

1브릭 = $\frac{1}{4}$ + $\frac{1}{4}$ + $\frac{1}{4}$ + $\frac{1}{4}$ = $\frac{4}{4}$

1브릭을 만들려면 $\frac{1}{4}$브릭이 4개 필요해!

우주선을 만들려면 $\frac{1}{4}$브릭이 몇 개 필요한지 구해서 적어 보자!

<필요한 브릭> 1브릭 6개

$\frac{1}{2}$브릭 5개

= $\frac{1}{4}$브릭 개

이번에는 도면을 보고 건축물을 만들어 보자. 층별로 필요한 브릭이 적혀 있어. 완성되면 어떤 모양일지 상상해 봐!

1브릭 : 1개　**½브릭 : 5개**

$\frac{1}{2}$을 5번 더하면 $\frac{5}{2}$야. $\frac{5}{2}$를 대분수로 나타내면 $2\frac{1}{2}$! 1과 $2\frac{1}{2}$을 더하면 $3\frac{1}{2}$이야. 브릭을 나란히 쭉 놓으면 한눈에 알 수 있어.

　1　　　1　　　1　　$\frac{1}{2}$

½브릭 : 2개　**¼브릭 : 4개**

브릭을 모두 더하면 $\frac{2}{2}+\frac{4}{4}$야. 분모가 4가 되도록 통분해서 더하면 $\frac{4}{4}+\frac{4}{4}=\frac{8}{4}=2$야.

 밑부분이 아치 모양으로 뚫려 있지만, 스터드가 4개여서 $\frac{1}{2}$이야!

1브릭 : 1개　**½브릭 : 1개**

¼브릭 : 1개　**⅛브릭 : 2개**

브릭을 모두 더하면 $1+\frac{1}{2}+\frac{1}{4}+\frac{2}{8}$야. 분모가 8이 되도록 통분해서 더하면 $\frac{8}{8}+\frac{4}{8}+\frac{2}{8}+\frac{2}{8}=\frac{16}{8}=2$야.

 1층과 2층을 짓는데 사용한 브릭을 나란히 한 줄로 세워보면, 같은 개수의 브릭을 사용했다는 걸 알 수 있어.

 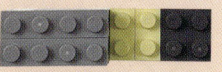

이제 모든 층을 합쳐서 쌓아보자. 맨 위에 보라색 깃발 2개를 꽂으면 멋진 성이 완성돼! <어수동> 친구들도 브릭 건물을 만들고, 사용한 브릭의 합을 분수로 구해 봐!

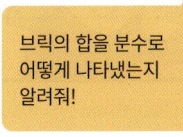

브릭의 합을 분수로 어떻게 나타냈는지 알려줘!

18개의 $\frac{2}{3}$는 몇 개일까?

18개의 $\frac{1}{3}$은 18개를 3등분한 것 중 하나와 같아요. 18개를 3등분하면 6개씩 세 묶음이 되므로, 18개의 $\frac{1}{3}$은 6개지요. 그렇다면 18개의 $\frac{2}{3}$만큼은 몇 개일까요? $\frac{2}{3}$는 18개를 3등분한 것 중 두 묶음, 즉 $\frac{1}{3}$이 2개인 것과 같으므로, 6개+6개=12개가 된답니다. 같은 방식으로 18개의 $\frac{5}{9}$도 몇 개인지 구할 수 있어요. 18개의 $\frac{1}{9}$은 2개이므로, 18개의 $\frac{5}{9}$는 2개가 5묶음 있는 것, 즉 10개와 같지요.

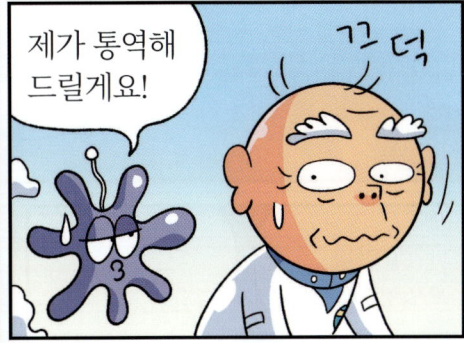

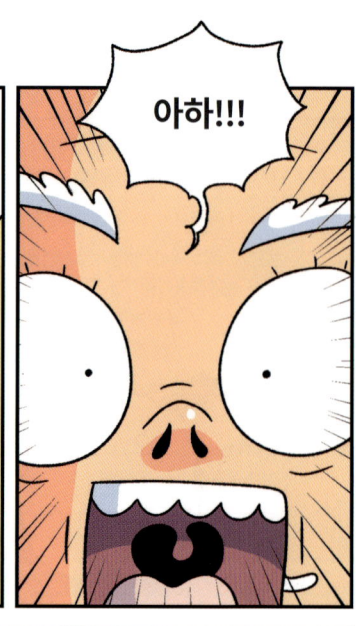

지구를 더 오염시키러 온다고? 16호에서 계속

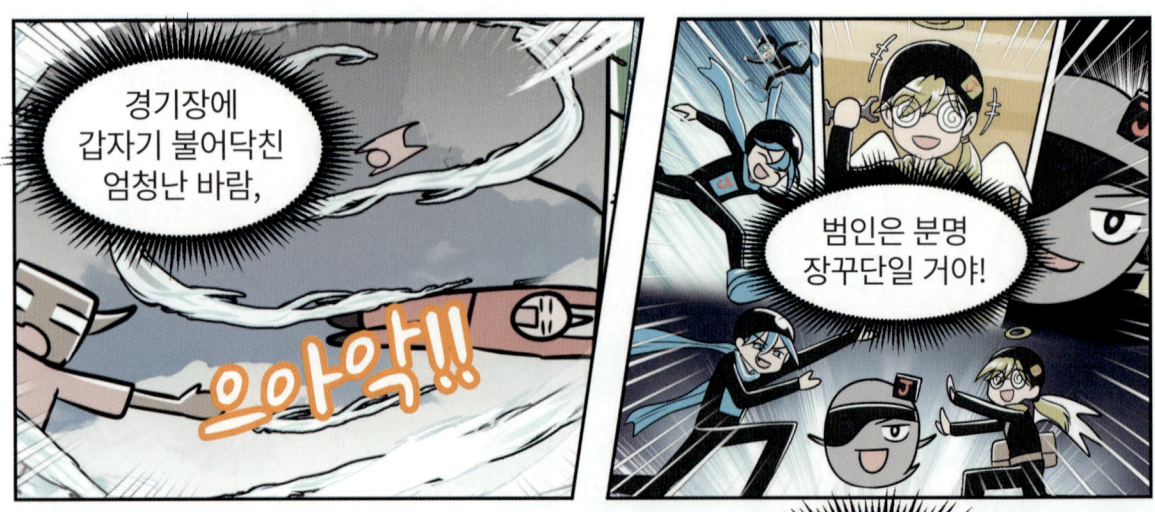

기억 속을 스친 블랙 캐스퍼의 모습? 둘이 만난 적이 있는 걸까?

QR코드를 찍으면 **정답**을 바로 볼 수 있어요.

유니콘 마을의 저주를 풀어줘!

"그래, 우린 자매다. 오르비아는 내 쌍둥이 동생이야."
우리가 놀라서 말을 잇지 못하자 앙굴루스 왕이 한숨 쉬듯 이야기했어.
"오르비아는 복수 대신 화해하자고 했지. 네 얼굴을 보면 맘이 약해질 것 같아서 잡아두려 한 거야. 미안하게 되었다."
오르비아는 단호하게 말했어.
"사과는 내가 아니라, 저 아이에게 먼저 해줬으면 좋겠어."
오르비아가 눈짓으로 가리킨 곳에는 꼬마 유니콘, 분더가 있었어.

글·일러스트 남남OK 진행 최은혜 기자(ehchoi@donga.com) 디자인 김은지
#연산 #분수 #덧셈_뺄셈

그림마다 한 개씩 숨어있는 숫자도 찾아봐!

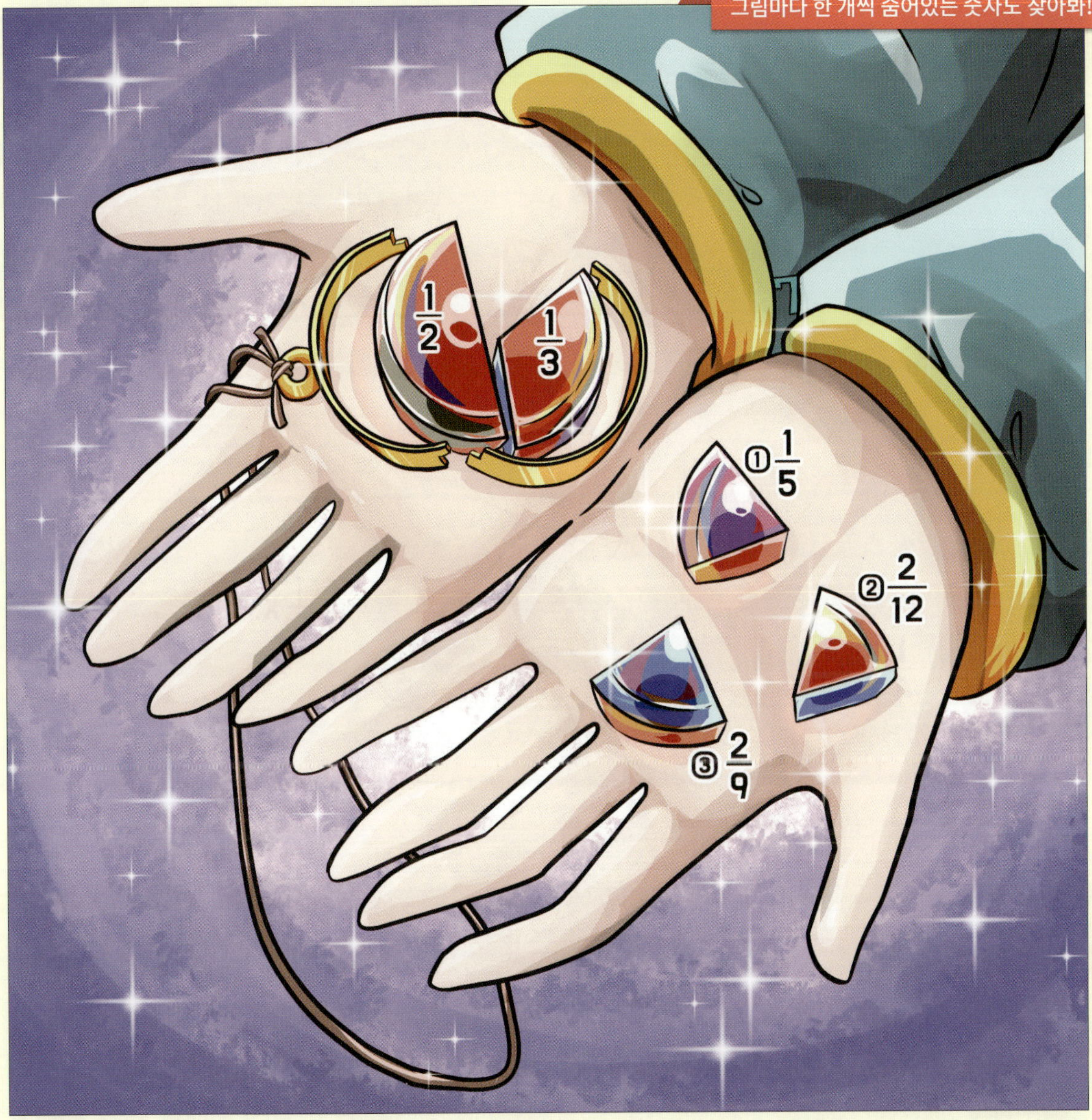

조각난 마법 목걸이

"내 친구들과 우리 마을을 돌려주세요!"
분더가 말하자 앙굴루스 왕은 주머니에서 조각난 목걸이를 꺼냈어.
"유니콘 마을에 마법을 걸 때 이 목걸이가 깨져 버렸어. 다시 이어 붙여야만 마법을 풀 수 있을 거야."

목걸이의 펜던트 조각은 모두 합치면 1이 되어야 한다. 작은 조각 세 개 중 하나만 깨진 펜던트의 나머지다. 어떤 조각일까?

빙글빙글 도는 공

목걸이 펜던트 조각을 맞추자 목걸이에서 빛이 나며 앙굴루스 왕의 몸이 공중에 떠올랐어. 그가 눈을 감고 주문을 외우기 시작했어. 그러자 양 손끝에서 반짝이는 공이 나와 앙굴루스 왕의 주변을 빙글빙글 돌았지. 그런데 잠깐, 공에 계산식이 써 있네?!

두 공에 각각 적힌 계산식과 마법진에 적힌 계산식을 모두 완벽하게 풀면, 유니콘 마을에 걸린 마법이 풀린다!

알찬 계획표, 어떻게 만드나요?

제 마음대로 '생활계획표'를 만들었어요. 그런데, 하루 중 노는 시간이 너무 많다고 꾸중을 들었어요. 어떤 계획이 하루 중 가장 많은 시간을 차지하는지 어떻게 알 수 있나요? 알찬 생활계획표를 만드는 방법을 알려주세요~!

글 장경아 객원기자 진행 최송이 기자(song1114@donga.com) 디자인 김은지 일러스트 김태형 사진 GIB
#슈퍼M #생활수학 #생활계획표 #분수 #덧셈

24시간을 나누려면?

시계는 같은 간격으로 나뉜 12칸으로 이뤄져 있어요. 원의 중심각*은 360°이므로, 시계에서 한 칸의 각도는 $\frac{360°}{12}$의 값인 30°예요. 시계에서 한 칸은 1시간을 의미하므로, '시'를 나타내는 짧은 바늘이 1시간 동안 움직이는 각도가 바로 30°인 것이지요. 짧은바늘이 한 바퀴인 360°를 돌면 12시간이 지나는데, 하루는 24시간이므로 짧은 바늘은 하루에 두 바퀴를 돌아요. 처음 한 바퀴를 도는 밤 12시에서 낮 12시까지를 '오전', 그 다음 한 바퀴를 도는 낮 12시에서 밤 12시까지를 '오후'라고 하지요. 오후 1시부터 밤 12시까지는 13~24시로 나타내기도 해요.

용어 설명

중심각★ 원의 중심에서 만들어지는 각을 말해요.

그런데, 생활계획표에는 시계와 달리 시곗바늘이 없어서 12칸으로 나누면 나머지 12시간에 대한 계획을 채워 넣을 수가 없어요. 그래서 생활계획표를 그리려면 원을 12칸이 아닌 24칸으로 나눠야 하지요. 시계처럼 12칸으로 나뉜 원을 먼저 그린 뒤, 각 칸을 $\frac{1}{2}$씩 나누면 24칸이 돼요.

24칸으로 나뉜 생활계획표에서 한 칸의 각도는 15°예요. 컴퍼스로 원을 그리고, 한 칸이 15°가 되도록 24칸으로 나눈 다음 생활계획표를 만들어 볼까요?

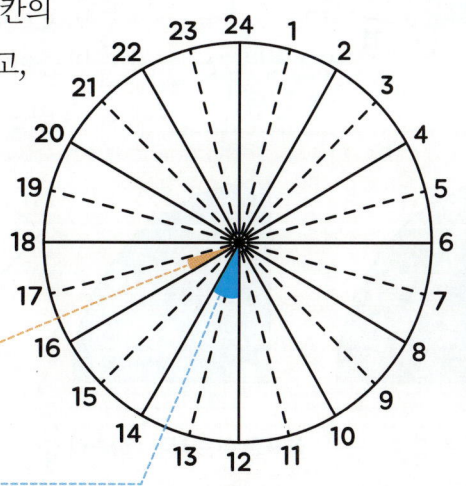

생활계획표에는 15°인 칸이 24개 있어요. 15×24=360°!

나의 하루를 알차게!
생활계획표 만들기

생활계획표를 만들 때는 여러 계획이 골고루 들어갈 수 있도록 시간을 잘 나눠야 하지요. 자신이 그 계획들을 정말로 꾸준히 실천할 수 있는지도 한번 생각해 보세요. 슈퍼M의 주말 생활계획표를 함께 보며 나만의 계획표도 만들어봐요!

하루 중 $\frac{3}{8}$은 잠자는 시간

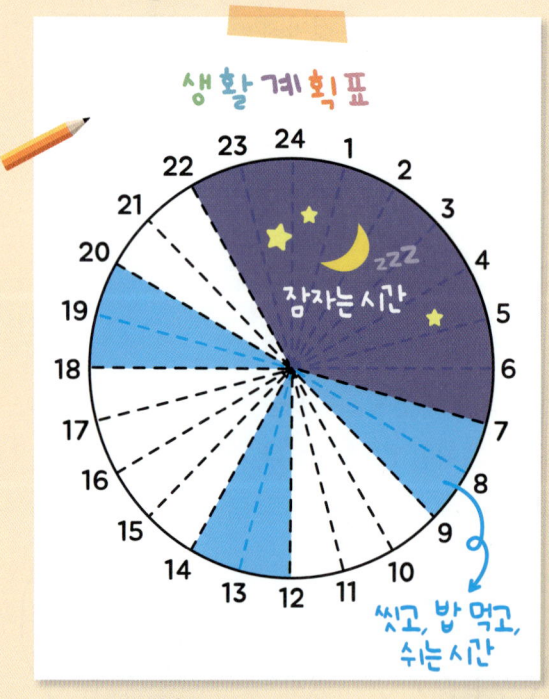

하루 동안 누구에게나 꼭 필요한 시간이 있어요. 바로 잠자는 시간과 식사 시간, 휴식 시간이지요. 나는 하루에 몇 시간을 자야 하는지, 하루 세 번 밥을 먹고 쉬는 데 필요한 시간은 얼마만큼인지 생각해봐요. 슈퍼M은 하루에 9시간은 자야 해요. 24시간 중 9시간은 $\frac{9}{24}$, 약분하면 $\frac{3}{8}$이에요. 밥 먹고 쉬는 시간에는 2시간씩 총 6시간, 하루의 $\frac{2}{8}$만큼 필요하지요. 잠자는 시간, 식사와 쉬는 시간으로 각각 하루의 $\frac{3}{8}$, $\frac{2}{8}$만큼 사용하고 나면 나머지 $\frac{3}{8}$만큼이 공부와 독서, 운동, 취미 등에 쓸 수 있는 시간이에요.

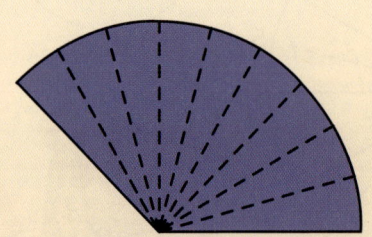

잠자는 시간 : 하루의 $\frac{3}{8}$

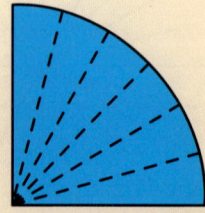

식사와 쉬는 시간 : 하루의 $\frac{2}{8}$

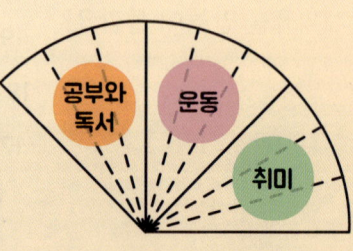

나머지 시간 : 하루의 $\frac{3}{8}$

공부, 운동, 취미 똑같이 $\frac{1}{3}$만큼!

나머지 시간 중에서 공부와 독서, 운동, 취미 시간에는 각각 얼마만큼 쓸지 생각해요. 주어진 전체 시간 중에서 얼마만큼을 사용할지 분수로 나타내보면 각각의 활동이 차지하는 비중을 한눈에 알 수 있지요. 슈퍼M은 공부만큼이나 운동과 취미도 똑같이 중요하기 때문에 $\frac{1}{3}$씩 나눠서 사용하기로 했어요. 9시간 중 $\frac{1}{3}$은 3시간이지요.

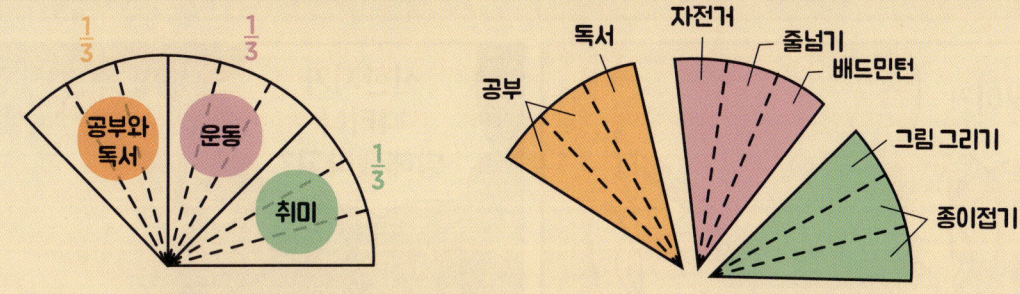

오후 4시엔 뭘 할까?

이제 몇 시에 어떤 활동을 할 건지 정해요. 먼저 표에 순서대로 정리한 다음, 24칸으로 나뉜 생활계획표에 시간 순으로 채워 넣으면 돼요. 잠자는 시간, 식사 및 휴식 시간, 공부와 독서 시간, 운동 시간, 취미 시간에 따라 배경색을 다르게 칠하면 구분하기 쉬워요. 각각의 활동이 하루 24시간 중 몇 시간을 차지하는지 분수로 나타내보세요. 모두 더하면 1일이 되는지도 확인해서 알찬 생활계획표를 만들어 보세요!

시간	활동	시간	활동
07 : 00	세면 및 아침식사	14 : 00	숙제와 예습
08 : 00	휴식	16 : 00	줄넘기
09 : 00	자전거 타기	17 : 00	배드민턴
10 : 00	책 읽기	18 : 00	저녁식사
11 : 00	그림 그리기	19 : 00	휴식 및 샤워
12 : 00	점심식사	20 : 00	종이접기
13 : 00	휴식	22 : 00	꿈나라

※ 생활 속 해결하고 싶은 수학 궁금증이 있다면 슈퍼M에게 메일을 보내주세요. asksuperm@gmail.com로 신청자의 이름, 연락처와 함께 사연을 보내면 됩니다. 사연이 채택된 신청자에게는 소정의 선물을 드려요!

유학* 외국에 가서 공부하는 걸 뜻해요.

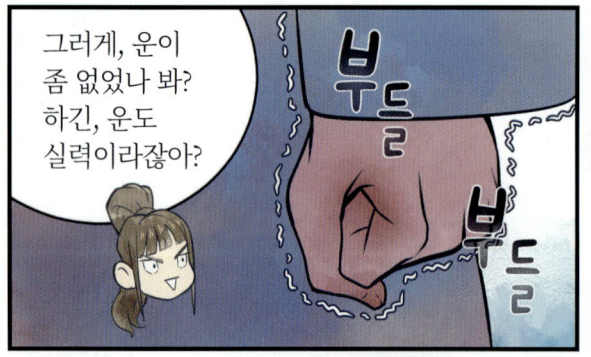

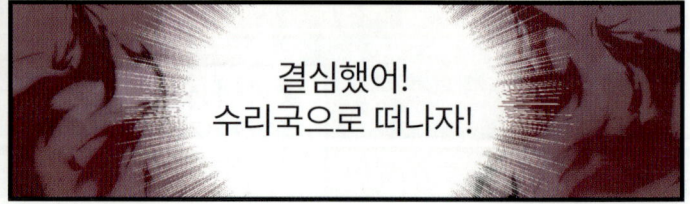

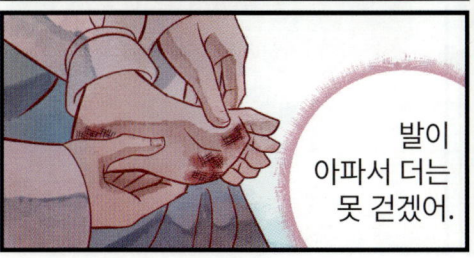

품삯★ 일을 한 대가로 주거나 받는 돈을 말해요.

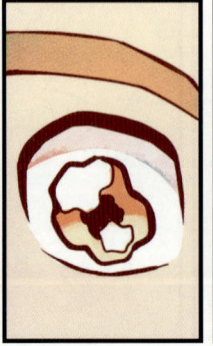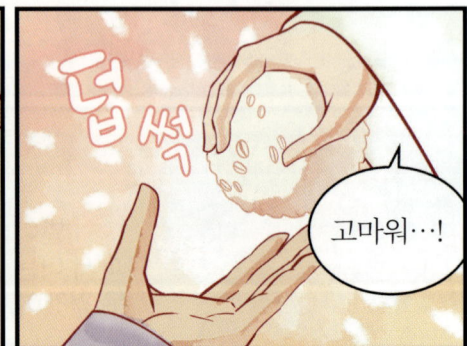

다시 어린아이가 되면 대체 뭘 하려고?!

청구기호* 자료를 보관하고 있는 위치를 기호로 나타낸 거예요. 도서관에서는 '듀이십진분류법', '한국십진분류법'과 같은 분류 방법에 따라 자료에 청구기호를 붙여요.

드디어 할머니가 어디 계신지 알 수 있는 걸까?

며칠 전.

치즈는 주최 측에서 종류별로 준비할 예정…. 이외의 재료는 각자 지참! 안내가 깔끔하네.

이야, 시간만 있으면 여러 가지 피자를 만들어도 좋겠다~.

여러 가지 피자요?

피자가 다 비슷하지 않나요?

피자 종류가 얼마나 다양한데! 피자 위에 올리는 치즈나 토핑에 따라 색다른 피자를 만들 수 있다고!

모짜렐라 치즈와 바질, 토마토로만 만드는 이탈리아 정통 마르게리타 피자도 있고,

치즈와 토핑을 케이크처럼 층층이 쌓아서 만드는 시카고 피자도 있지.

아, 그리고 다른 피자에 비해 재료도 간단하고

만들기 쉬우면서 깊은 맛을 내는 피자도 있는데….

 주로 작가   만드는 것보다는 먹는 것을 더 좋아합니다. 좋아하는 음식은 김치볶음밥! 단지의 우당탕탕 요리 대회 도전기! 지켜봐 주세요.

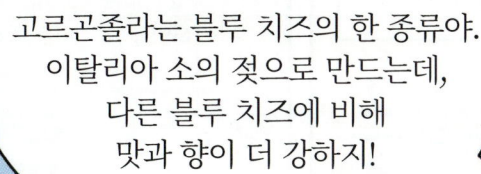

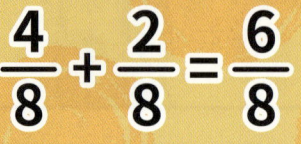

두 분수의 분모가 다르니까….
4에 2를 곱하면 8이 되니, 분모를 8로 통분하자!

$$\frac{4}{8} + \frac{1}{4}$$

$$\frac{1}{4} = \frac{1 \times 2}{4 \times 2} = \frac{2}{8}$$

$$\frac{4}{8} + \frac{2}{8} = \frac{6}{8}$$

$\frac{4}{8}$에 $\frac{2}{8}$를 더하면 $\frac{6}{8}$이니 딱 필요한 양만큼이네!

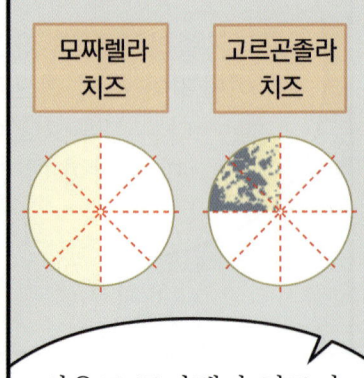

모짜렐라 치즈 / 고르곤졸라 치즈

비율도 모짜렐라 치즈가 2배 더 많으니까, 이대로 사용하면 되겠어!

정말 다행이다! 재료를 다 모았어!

와아

단지의 고르곤졸라 피자

요리도 못 하고 탈락할 수는 없지! 자, 빠르게 고르곤졸라 피자를 만들어 볼까?

<재료>
꿀 2T, 버터 1T, 다진 마늘 1T,
또띠아 1~2장, 아몬드 슬라이스 1T,
모짜렐라 치즈 100g, 고르곤졸라 치즈 50g

*1T = 한 숟가락

오븐 팬 위에 또띠아를 잘 펼치고

마늘을 잘게 다져서

버터, 꿀과 함께 섞어준 다음

전자레인지에 돌려 잘 녹여 줘.

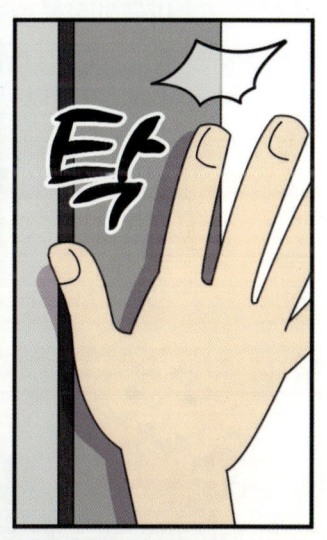

피자 한 판을 완성하라!

어서 오세요! <어수동> 피자 가게에 오신 것을 환영합니다. 저희 가게에서는 피자를 한 조각씩 팔고 있어요. 원하는 크기의 조각 피자를 마음껏 고를 수 있죠! 한 판을 살 수는 없냐고요? 음, 가능하긴 합니다. 단…, 손님이 직접 조각을 모아서 한 판을 완성한다면요!

글 조현영 기자(4everyoung@donga.com) 디자인 김은지 사진 GIB, 어린이수학동아
#수학체험실 #분수 #덧셈 #뺄셈

과연 한 판을 완성할 수 있을까?

$\frac{1}{4}+\frac{1}{4}+\frac{1}{2}$

$\frac{1}{2}+\frac{1}{4}+\frac{1}{8}+\frac{1}{8}$

조현영 기자

찾아라, 너와 나의 공통분모!

분모가 서로 다른 분수를 더하거나 빼기 위해 분모를 같게 만드는 걸 '통분'이라고 해요. 각 분모의 공배수(공통된 배수)로 통분하고, 통분한 분모는 '공통분모'라고 불러요.

여러 개의 분수를 통분하는 첫 번째 방법은 각 분수의 분모들을 모두 곱하는 거예요. 통분하려는 분모들의 공배수를 구하기가 어려울 때도 이 방법을 쓸 수 있어요. 단, 분자에도 반드시 분모에 곱한 수만큼 똑같이 곱해야 해요.

두 번째로 분모들의 최소공배수를 찾는 방법이 있어요. 공배수 중에서 가장 작은 수인 최소공배수로 통분하면, 다른 공배수로 통분했을 때보다 분수가 간단해요. 분자끼리 계산하기도 더 쉽지요.

❶ 모든 분모를 곱한 값을 공통분모로!

예시

$$\frac{1}{2} + \frac{1}{4} - \frac{1}{7}$$
$$= \frac{1 \times 4 \times 7}{2 \times 4 \times 7} + \frac{1 \times 2 \times 7}{4 \times 2 \times 7} - \frac{1 \times 2 \times 4}{7 \times 2 \times 4}$$
$$= \frac{28}{56} + \frac{14}{56} - \frac{8}{56} = \frac{34}{56} = \frac{17}{28}$$

❷ 모든 분모의 최소공배수를 공통분모로!

예시

$$\frac{1}{4} - \frac{1}{6} + \frac{1}{8}$$
$$= \frac{1 \times 6}{4 \times 6} - \frac{1 \times 4}{6 \times 4} + \frac{1 \times 3}{8 \times 3}$$
$$= \frac{6}{24} - \frac{4}{24} + \frac{3}{24} = \frac{5}{24}$$

4의 배수: 4 8 12 16 20 **24** 28 …
6의 배수: 6 12 18 **24** 30 36 42 …
8의 배수: 8 16 **24** 32 40 48 56 …

만약 ❷를 ❶의 방법으로 계산한다면….

예시

$$\frac{1}{4} - \frac{1}{6} + \frac{1}{8} = \frac{1 \times 6 \times 8}{4 \times 6 \times 8} - \frac{1 \times 4 \times 8}{6 \times 4 \times 8} + \frac{1 \times 4 \times 6}{8 \times 4 \times 6}$$

$$= \frac{48}{192} - \frac{32}{192} + \frac{24}{192} = \frac{40}{192}$$

$$= \frac{40 \div 8}{192 \div 8} = \frac{5}{24}$$

40과 192의 최대공약수

40의 약수: 1 2 4 5 **8** 10 20 40
192의 약수: 1 2 3 4 6 **8** 12 16 24 32 48 64 96 192

헉. 세 자리 수!

분모와 분자의 최대공약수로 약분하면 더 이상 나눌 필요가 없는 기약분수가 돼!

서로 다른 분수가 적힌 피자 조각들을 모아서 합이 1이 되도록 만들어요!
놀이북 25쪽의 도안을 활용하세요.

+ 게임의 규칙

1

"피자 조각을 잃어버리지 않도록 조심하세요…."

참가자 중 한 명이 사회자인 '서버' 역할을 맡아요. 도안 속 여섯 종류의 피자를 조각조각 오린 뒤 서버가 보관해요.

2

"아무도 가져가지 않은 조각은 3초 뒤에 서버가 다시 가져가요."

참가자들은 피자를 모을 접시를 하나씩 골라요. 서버는 "3, 2, 1!"을 외친 뒤 피자 조각을 아무거나 1개만 메뉴판 위에 내려놓아요. 피자 조각을 가지고 싶은 참가자는 가장 빠르게 서버와 하이파이브를 해야 해요.

3

"내 모든 조각을 더하면 1이 되지. 한 판 완성!"

"내 모든 조각을 더하면 $\frac{119}{120}$가 되지. 1보다 작아."

성공~! 실패

모은 피자 조각의 분수를 모두 더했을 때 합이 1이 되면 한 판 완성! '성공피자'가 되어 3점을 얻어요. 만약 합이 1을 넘거나, 1을 만들 수 없는 상태라면 '실패피자'가 돼요.

4

한 사람이 실패피자를 만들면 나머지 참가자는 모두 1점을 얻고, 실패피자의 조각은 다시 쓸 수 없어요. 총 3판의 피자를 먼저 완성하거나, 조각이 모두 떨어졌을 때 점수가 가장 높은 사람이 승리해요.

옥톡과 달냥의 우주 탐험대

글 조현영 기자(4everyoung@donga.com)
콘텐츠 김준수(과학동아 천문대)
디자인 오진희 일러스트 김태형, GIB 사진 NASA
#보이저_1호 #가족_사진 #성간공간 #거리 #속력

안녕? 우린 우주인이 되기 위해 특수훈련을 마친 옥톡과 달냥이야. 어느 날, 우주 저 멀리에 있는 외계인으로부터 신호가 왔어. 당장 그들을 만나러 갈 거야! 우린 우주를 떠돌아다니는 여러 탐사선에서 부품을 모아 우주에서 최고로 멋진 우주선을 만들기로 했어.

가족 사진 획득!
보이저 1호가 찍은 태양계 행성들의 사진이에요. 8개의 행성 중 해왕성, 천왕성, 토성, 금성, 지구, 목성 총 6개의 행성과 태양이 찍혀 있지요.

보이저 1호

1977년 미국에서 발사된 우주 탐사선이에요. 목성과 토성을 탐사한 뒤, 2012년 태양계를 벗어나 성간공간으로 떠났어요. 보이저 1호는 **한 시간에 약 6만 1500km**를 갈 수 있어요. 여행한 지 45년이 된 2023년 6월을 기준으로, 지구에서 **약 239억 km** 떨어진 거리까지 갔지요.

화성 목성 토성 천왕성 해왕성 명왕성

우주선 에너지 충전 미션

보이저 1호는 한 시간에 6만 1500km만큼을 갈 수 있어요. 그렇다면 20분 동안은 얼마만큼을 움직일 수 있을까요?

① 2만 300km
② 2만 500km
③ 3만 750km

※추첨을 통해 2명에게 <과학동아 천문대> 입장권을 드려요

성간공간과 성운

별과 별 사이의 거리는 무척 멀어요. 이 사이의 공간을 '성간공간'이라고 불러요. 성간공간에는 가스나 티끌이 모여서 생긴 구름 같은 덩어리가 있어요. 이 덩어리는 '성운'이라고 하지요. 위 사진은 가장 유명한 성운 중 하나인 오리온자리의 **말머리 성운**이에요. 지구에서 빛의 속도로 약 1500년을 달려야 도착할 수 있지요.

수플리
수학 플레이리스트
담당 최은솔 기자
(eunsolcc@donga.com)

보드게임

1

문제카드 54장, 회차판, 주사위, 주머니, 모래시계, 퍼즐 조각 12개씩 4세트, 4가지 색으로 이뤄진 보석 58개가 있어요.

2
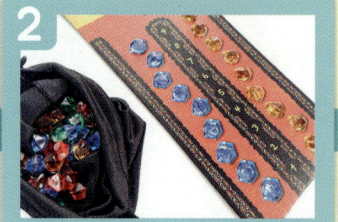
회차판의 왼쪽에는 파란색 보석을, 오른쪽에는 갈색 보석을 각각 9개씩 둬요. 남은 보석들은 주머니에 넣고, 퍼즐 조각을 한 세트씩 가져요.

3

총 9회의 게임을 진행해요. 주사위에 나온 모양을 문제카드에서 찾고, 그 옆에 그려진 조각들을 이용해 퍼즐을 맞춰요.

우봉고
코리아보드게임즈
koreaboardgames.com
56,000원
이용 연령 | 8세 이상
참여 인원 | 1~4명

6

(4×2)+3+2로 13점이야!

9회가 끝나면 각자 모은 보석의 점수를 계산해요. 점수는 회차판 윗부분에 적혀 있어요. 점수를 더해서 가장 높은 점수를 받은 사람이 승리해요!

5

1등은 회차판의 파란색 보석 1개, 주머니 속 보석 1개를 가져가!

한 회가 끝날 때마다 등수별로 정해진 개수만큼 보석을 가져가요. 만약 시간 내에 퍼즐을 못 풀면 보석을 받을 수 없어요.

4

우봉고!

주사위를 굴리고 모래시계를 뒤집어요. 시간 안에 문제카드의 퍼즐을 맞추고, 완성하면 '우봉고!'라고 외쳐요. 외친 순서대로 등수를 정하면 한 회가 끝나요.

➕ 놀면서 배우자!

- ➕ 도형의 특징을 알 수 있어요. 문제카드의 퍼즐과 조각은 모두 정사각형으로 이뤄져 있어요. 오목하게 들어간 부분과 볼록하게 튀어나온 부분을 생각하며 잘 맞춰야 해요.
- ➕ 계산 능력을 기를 수 있어요. 색깔별 보석의 점수와 보석의 개수를 곱하면 내가 몇 점을 받았는지 알 수 있어요. 다음 회에서 내가 몇 점을 받아야 이기는지도 미리 계산할 수 있지요.

▶ 영상

꽃처럼 활짝 핀 양파튀김 만들기

양파를 잘라서 튀기면 예쁜 꽃이 피어나는 것처럼 보여요. 우선 양파의 아랫부분을 1cm 정도만 남겨서 자르고, 윗부분은 16등분으로 잘라요. 그리고 튀김가루 $\frac{1}{2}$컵, 카레 가루 $\frac{1}{2}$컵을 섞어 양파에 잘 발리도록 뿌린 뒤, 달걀물을 묻혀 노릇노릇하게 튀겨요. 그럼, 꽃처럼 활짝 핀 양파튀김이 완성돼요. 자세한 요리법은 영상을 통해 확인해 보세요!

 책

 책

초/중/고등 수학 개념 대백과 : 개념과 원리, 실생활 활용까지 밝아진다

시미즈 히루유키 외 4명 글 | 키출판사 | 21,000원

수학 사전을 펼쳐봐요! 이 책은 수학 개념이 학년별로 구분되어 있어, 사전처럼 원하는 부분만 찾아서 읽을 수 있어요. 그뿐만 아니라 수학을 일상과 연결해, 꽃잎에 숨어있는 황금 비율, 국이 식는 속도, 뼈 하나로 고대인의 키를 재는 방법 등을 생생한 그림과 함께 재미있게 알려주지요. 책을 읽으며 수학을 쉽고 친근하게 배워봐요.

우주 아틀라스

톰 잭슨 글 | 아나 조르제비츠 그림 | 책세상어린이 | 16,800원

지구 밖에는 어떤 신비로운 세계가 펼쳐져 있을까요? 이 책은 인간이 지금까지 찾아낸 우주의 모습을 각양각색의 그림으로 소개해요. 우주 망원경은 얼마나 멀리까지 볼 수 있는지, 블랙홀의 중심에는 무엇이 있는지, 우주의 끝은 무엇인지 등 28개의 주제를 다루지요. 책을 따라 지구에서 우주 끝까지 나아가며 우주에 대한 폭넓은 지식을 쌓아봐요!

 ▶ 영상

0.5인분만 파는 식당

짜장면 한 그릇을 다 먹지 못하는 사람을 위해 0.5인분만 판매하는 중식당이 있어요. 0.5인분은 한 그릇의 절반이라, 조금만 먹고 싶은 사람에게 딱 맞는 양이에요. 보통 중식당은 짜장면 한 그릇에 면을 170g에서 200g을 담는데, 이 식당은 100g만 담고 있어요. 가격도 저렴해졌을뿐더러, 음식물 쓰레기도 전보다 80%나 줄었다고 해요. 여러분도 소수로 음식량을 표현해 보세요!

- 게임할 때도 과몰입러! -

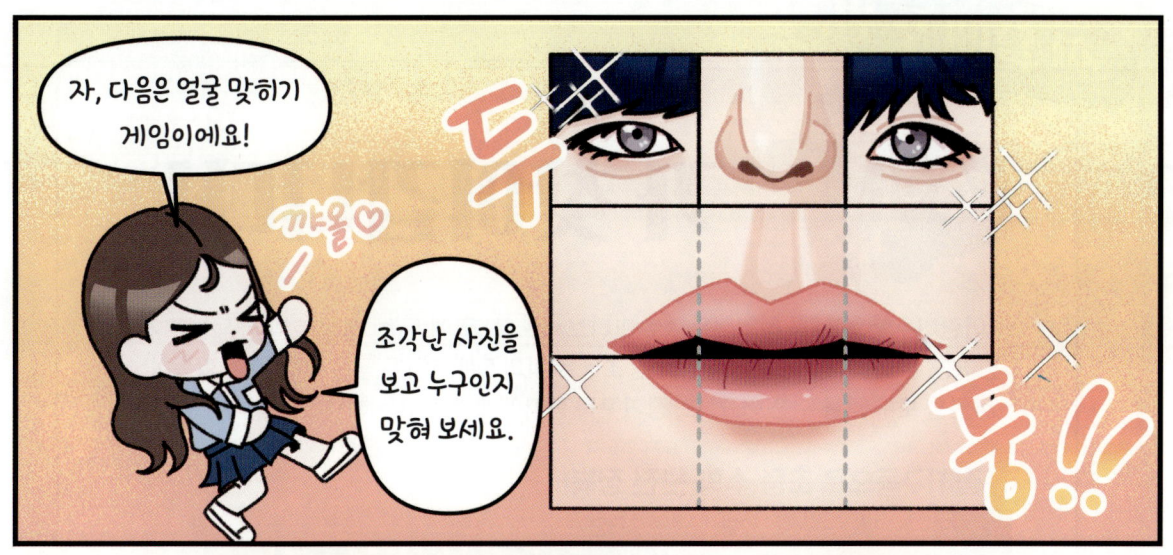

그래서 정답은 누굴까?

한 달에 두 번,  가 찾아갑니다!

<어린이수학동아>를 정기구독으로 만나보세요. 한 달에 두 번 최신 호를 가장 빠르게 받아볼 수 있습니다. 1년을 구독하면 초등 수학의 5개 영역을 담은 <어린이수학동아> 24권을 모두 받을 수 있어요. 또, 정기구독 독자에게만 드리는 혜택도 누릴 수 있어요!

★정기구독으로 초등 수학 완전 정복!

	1월	2월	3월	4월	5월	6월
연간 주제호 구성안	여러 가지 수	덧셈과 뺄셈	도형	도형	도형	곱셈과 나눗셈
	여러 가지 수	덧셈과 뺄셈	도형	도형	곱셈과 나눗셈	곱셈과 나눗셈
	7월	8월	9월	10월	11월	12월
	분수와 소수	분수와 소수	측정	측정	자료와 가능성	규칙 찾기
	분수와 소수	분수와 소수	측정	자료와 가능성	자료와 가능성	규칙 찾기

※정기구독 신청일 기준으로 해당 월호가 배송되며 1년 중 24권을 모두 받을 수 있습니다.

어린이수학동아 정기구독 혜택 100% 누리기!

기자단 활동
★전국 과학관 및 박물관 상시 무료 입장
★내가 쓴 기사를 현직 기자가 첨삭!
★기사와 체험 활동은 포트폴리오 관리

팝콘플래닛

연장회차별 DS캐시 지급
★현금처럼 사용가능한 DS캐시 제공
★5,000캐시부터 최대 15,000캐시까지 즉시 할인

DS 스토어

디 라이브러리 무료
★동아사이언스 모든 매거진(어린이수학동아, 어린이과학동아, 수학동아, 과학동아) 무료 이용
★연 480,000원 상당 혜택

디라이브러리

시민과학 프로젝트 참여 기회 제공
★이화여대 장이권 교수와 함께하는 **지구사랑탐사대 우선 선발**
★AAAS 국제과학언론상 수상! **우리동네 동물원 수비대 우선 선발**
★줍깅! 분리배출! 플라스틱 일기까지! **플라스틱 다이어트 프로젝트 참여**

어수동을 오디오로 들어요!
★각 기사의 첫 페이지에 있는 QR코드를 스마트폰으로 찍고 오디오를 들어요.
★매월 20개 이상의 어수동, 어과동 오디오 콘텐츠를 만나 보세요.

오디오쏙

어수동×어과동 기자단 가입하고

83개 전국 과학관·박물관 취재하세요!

<어린이수학동아>를 정기구독해서 보는 친구에게는 정말 좋은 혜택이 있어요! 바로 어린이수학동아×어린이과학동아 기자단 활동! 기자는 원하는 정보를 얻기 위해 해당 분야 전문가를 만나 취재하고 기사를 쓰죠. 친구들도 <어수동> 기자처럼 전국 83개 과학관과 박물관에 무료 입장해 취재하고 기사를 쓸 수 있어요. 기사를 써서 팝콘플래닛 '기사콘'에 올리면 <어수동> 기자가 직접 첨삭해 기사를 출고합니다. 기자단에 가입하고 꼭 기자단 혜택을 누리세요!

기자단에 가입하면 얻는 혜택

혜택 1: 83개 - 전국 주요 과학관 및 박물관 무료 또는 할인 입장

혜택 2: 첨삭 - 현직 기자의 글쓰기 첨삭 지도

혜택 3: 취재 - 다양한 현장 취재 참여

혜택 4: 포트폴리오 - 내가 쓴 기사를 내려받을 수 있는 포트폴리오 제공

앱 설치하고 모바일 기자단증을 받으세요!

정기구독 신청 (02)6749-2002

정기구독 할인 안내 최대 135,600원 가격 할인

정기구독료

구분		정가	할인금액	할인	비고
단품	1년 정기구독료(24권)	264,000	224,400	15%	39,600원 할인
	2년 정기구독료(48권)	528,000	422,400	20%	105,600원 할인

패키지 구독료

	구분	정가	할인금액	할인	비고
패키지 1년 정기 구독료	어린이수학동아 + 어린이과학동아	576,000	460,800	20%	115,200원 할인
	과학동아 + 어린이과학동아	510,000	408,000	20%	102,000원 할인
	수학동아 + 어린이과학동아	480,000	360,000	25%	120,000원 할인
	과학동아 + 수학동아	366,000	274,500	25%	91,500원 할인
	과학동아 + 수학동아 + 어린이과학동아	678,000	542,400	20%	135,600원 할인

※위의 패키지 상품은 어린이수학동아 독자 연령에 맞는 대표 패키지입니다.
추가로 다양한 패키지 상품을 구매할 수 있습니다(상세 가격은 'DS스토어' 홈페이지 참고).
※패키지 2년은 1년 할인가에 추가로 할인이 제공됩니다.

어린이 수학동아 편집부 ♥ 후기 ♥

😎 **최은혜 편집장**
오늘도 어수동의 추억은
한 장, 한 장 쌓여갑니다.
#소중해 #다은_기자_환영해요♥

😀 **최송이 기자**
처음으로 글램핑을 다녀왔어요. 바다도 보고,
고기도 구워 먹고, 불멍까지 즐기니…,
사람들이 왜 캠핑을 취미로 삼는지
알겠더라고요! 앞으로도 종종 다녀야겠어요.
#힐링 #다은_기자 #웰컴_투_어수동♥

🤡 **조현영 기자**
식당에 갔는데, 파스타에 고기가 여섯 점 얹어져
있었어요. 전 너무 배가 고파 한 점을 냉큼 먹었죠.
그렇다면 이제 남은 고기 조각은 들 겠군요!
이 이야기를 친구들에게 하니 한 친구가
"너 정말 어린이수학동아 기자 같아."라고 말했어요.
#새로운_어수동_식구 #다은_기자 #환영해요

☺️ **최은솔 기자**
카페에 간 편집부! 현영 기자가
각각의 특징을 살려 동물 캐릭터를 그렸어요.
고양이, 판다, 오리, 치와와까지!
누구인지 여러분도 맞혀보세요~!
#참고로_오리는_다은_기자랍니다!

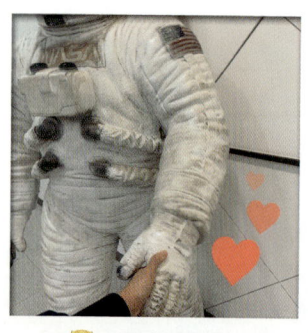
😄 **이다은 기자**
처음 도착한 어린이수학동아 건물! 커다란
우주비행사가 문 앞에서 기다리고 있었어요. 반가운
마음에 악수도 했답니다. 앞으로 자주 보자~
#반가워요 #잘_부탁드립니다♥

😍 **오진희 디자인 파트장**
무용 공연을 보면 몸으로 아름다움을 표현할 수
있다는 것에 항상 감탄하게 돼요!
거기에 음악과 의상까지 잘 연출된
멋진 공연이었답니다.
#감성충전 #국립무용단산조

😜 **김은지 디자이너**
잘~ 구워진 피자 사진으로 괴로워하던 그때, 현영
기자가 저를 데리고 피자 가게에 가주었어요.
조각 난 피자 위로 분수가 아른거리더군요! 여러분도
<어수동> 피자 하우스의 현영 기자와 함께 피자
한 판…, 아니 세 판 만들러 가보시죠~!
#다은_기자와_첫_점심 #피자_맛있었죠?

내가 바로 <어수동> 표지 작가!

독자 여러분이 멋지게 완성한 <어수동> 표지를 소개합니다. 놀이북 표지를 내 맘대로 색칠하고 '플레이콘'의 놀이터-어린이수학동아 게시판에 자랑해 주세요!

베스트 표지
독자 이경미(nakbin99)

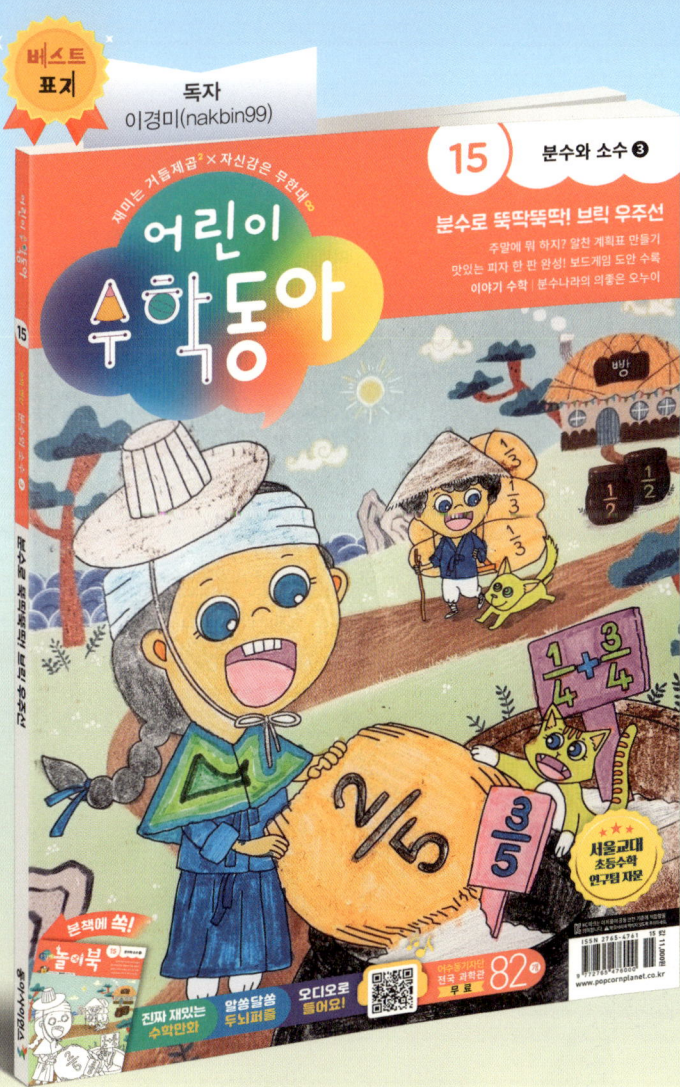

15호 표지

지금 바로 표지 작가에 도전하세요! 베스트 표지에 뽑히면 선물을 드려요!

이다은 기자

기자의 한마디

★ 분나의 겉옷이 화려해졌어요! 파란색과 초록색을 층층이 색칠해 멋진 망토를 완성했네요.

★ 분나와 분동이, 그리고 반려동물들에게 모두 공통점이 있어요. 바로 눈동자! 파란색 눈동자를 보니 한 식구가 틀림없어요.

※ 베스트 표지로 선정된 분은 dana@donga.com으로 이름, 주소, 전화번호를 보내주세요!

어수동 찐팬을 만나다

상상력 쑥쑥! 만화를 사랑해요!

글 최은솔 기자(eunsolcc@donga.com)

<어린이수학동아>의 진짜진짜 '찐팬'을 소개합니다! 찐팬으로 선정된 독자의 교실로 <어수동>을 보내드려요.

노현우

노현우 독자가 만든 만화책이에요.

어수동 | 최근 가장 즐겨 하는 취미는 뭐예요?

만화책 만들기요! A4용지를 접어서 만든 책에 그림을 그려 반 친구들에게 보여주었는데, 아주 인기가 많았어요. '미래 과학' 시리즈를 연재하면서 미래 생명체, 음식, 도시 등과 관련된 다양한 이야기를 만들고, 친구들과 미래 기술에 관해 이야기하기도 했지요. 앞으로는 <어수동>의 연재 만화처럼 재미있는 만화를 꾸준히 만들고 싶어요.

어수동 | <어수동>에서 가장 좋아하는 만화는 뭐예요?

저는 '놀러와! 도토리 슈퍼'가 좋아요. 흥미진진한 이야기 덕분에 다음에는 어떤 내용이 나올지가 너무 기대돼요. '차인나국 팝업스토어' 편에서 솜과 민구가 실제 세상과 비슷한 가상현실인 VR을 체험했는데, 그 경험이 생생하게 느껴져서 저도 해보고 싶었어요. 앞으로 도토리 슈퍼 직원들이 어떤 도전을 하게 될지 궁금해요!

어수동 | 수학의 어떤 점이 좋나요?

답이 뽕! 하고 나오는 게 좋아요. 수학 문제를 풀려면 계산식을 세워야 해요. 계산식을 만드는 과정은 복잡하고 머리가 아프지만, 올바른 답이 나오면 마음이 편안해져요. 답이 틀릴 때도 있지만, 다시 문제를 풀다 보면 언젠가는 정답을 맞히게 되더라고요. <어수동>은 내용을 쉽게 설명해줘서 좋아요. 기사 한 편을 다 읽고 나면 수학 개념이 머리에 쏙 들어와 있어요!

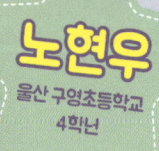

노현우
울산 구영초등학교
4학년

놀이북

어린이 수학동아

수와 연산 | 분수와 소수 ❸

유대현 쌤의 사고력 쑥쑥 수학놀이
입이 떡 벌어지는 빵집의 곳간을 채워라!
놀러와! 도토리 오락실 | 분수 암호 퍼즐
도전! M 체스 마스터 | 룩 마스터 카드

예쁘게 색칠해서 '플레이콘'에 올려주세요!

팝콘플래닛으로 놀러오세요!

팝콘플래닛은 어떤 곳인가요?
팝콘플래닛은 어린이의 상상으로 태어난 가상세계입니다.
총 4개의 콘으로 구성돼 있어요.

나의 작품을 직접 연재하는
웹툰/소설/그림 작가 되기!

기사도 쓰고~ 토론도 하고~
어과수 기자단 활동하기!

어린이수학동아, 어린이과학동아
콘텐츠를 한눈에 쏙!

지구를 지켜라!
시민과학자 되기!

팝콘플래닛에 들어가는 방법은?

웹(PC)으로 접속할 때
포털사이트에서 '팝콘플래닛'을 검색하거나 주소창에 www.popcornplanet.co.kr을 입력하세요.

앱(스마트폰/태블릿PC)으로 접속할 때
구글/앱 스토어에서 '팝콘플래닛'을 검색한 다음 앱을 설치하세요.

contents

02 사고력 쑥쑥! 수학 놀이

06 이야기로 냠냠! 어수잼
입이 떡 벌어지는 빵집을 부탁해!

08 수학 궁금증 해결! 출동, 슈퍼M
바쁘다 바빠! 24시간이 모자라~!

10 놀러와! 도토리 오락실

12 말랑말랑 두뇌퍼즐

16 어수동네 놀이터

18 도전! M 체스 마스터
직선으로 돌진! 룩

21 도전! M 체스 마스터 카드

23 분나와 분동이네 곳간

25 노릇노릇 분수 피자

'플레이콘'에
놀러오세요!
놀이터-어린이수학동아
게시판에 나의 놀이북
활동을 자랑하면 추첨을
통해 선물을 드려요.

사고력 쑥쑥! 수학놀이

콘텐츠 유대현 서울유현초등학교 교사
(전 서울 중부교육지원청 영재교육원 강사)
진행 조현영 기자(4everyoung@donga.com)
디자인 오진희 **일러스트** GIB
#분수 #계산 #덧셈 #뺄셈

나비 계산법

※ 분모가 서로 다른 두 분수를 더하거나 뺄 때, 두 분수에 나비 모양을 그리면 쉽게 계산할 수 있어요.

예시 덧셈

1단계
$2 \times 4 = 8$
$\frac{2}{3} + \frac{1}{4}$

2단계
$8 \quad 3 \times 1 = 3$
$\frac{2}{3} + \frac{1}{4}$

3단계
$8 \quad 3$
$\frac{2}{3} + \frac{1}{4}$
$3 \times 4 = 12$

4단계
$8 \quad 3$
$\frac{2}{3} + \frac{1}{4} = \frac{8+3}{3 \times 4} = \frac{11}{12}$
12

예시 뺄셈

1단계
$2 \times 4 = 8$
$\frac{2}{3} - \frac{1}{4}$

2단계
$8 \quad 3 \times 1 = 3$
$\frac{2}{3} - \frac{1}{4}$

3단계
$8 \quad 3$
$\frac{2}{3} - \frac{1}{4}$
$3 \times 4 = 12$

4단계
$8 \quad 3$
$\frac{2}{3} - \frac{1}{4} = \frac{8-3}{3 \times 4} = \frac{5}{12}$
12

덧셈이라면 분자 쪽은 더하고, 분모는 곱하고! 뺄셈이라면 분자 쪽은 빼고, 분모는 곱하고!

 같은 방법으로 나비를 그려서 아래 식들을 계산해 보세요.

덧셈 ❶ $\dfrac{1}{4} + \dfrac{2}{5} =$

덧셈 ❷ $\dfrac{3}{7} + \dfrac{1}{6} =$

뺄셈 ❶ $\dfrac{5}{6} - \dfrac{1}{5} =$

뺄셈 ❷ $\dfrac{7}{8} - \dfrac{3}{4} =$

1이 되는 짝을 찾아라

※ 더해서 1이 되는 분수들을 찾아 한 줄로 연결해요. 단, 분수가 남거나, 줄이 서로 겹치면 안 돼요.

예시 **성공**

예시 **실패**

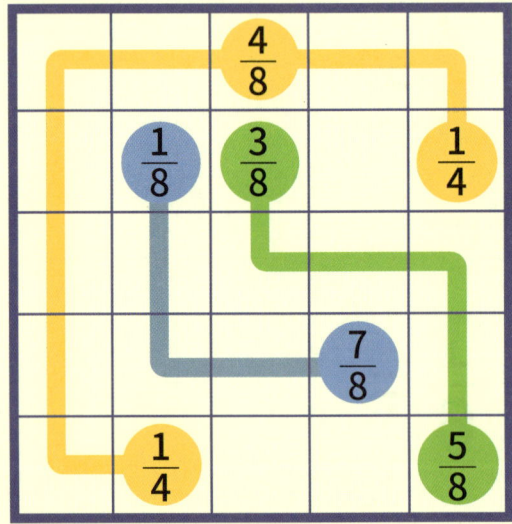

한 줄에 분수를 2개 이상 연결할 수도 있어!

💡 길이 겹치지 않도록 분수들을 연결해 주세요.

❶

$\frac{1}{2}$				
$\frac{1}{4}$			$\frac{1}{2}$	
		$\frac{4}{8}$	$\frac{3}{4}$	
$\frac{4}{8}$				

❷

		$\frac{4}{8}$		
$\frac{1}{4}$				
$\frac{1}{2}$			$\frac{1}{2}$	
			$\frac{3}{4}$	
		$\frac{4}{8}$		

❸

$\frac{1}{8}$					
	$\frac{1}{3}$			$\frac{7}{8}$	
	$\frac{2}{4}$			$\frac{1}{3}$	
	$\frac{1}{3}$				$\frac{1}{8}$
$\frac{1}{4}$			$\frac{1}{8}$		

입이 떡 벌어지는 빵 집을 부탁해!

분나와 분동이의 '입이 떡 벌어지는 빵집'은 입소문을 타고 분수나라 최고 맛집이 되었어요. 분나와 분동이는 각각 '분나 2호점'과 '분동 3호점'을 차리게 되었지요. 바쁜 하루를 보내고 있는 분나와 분동이를 여러분이 도와주세요!

글 최송이 기자(song1114@donga.com) 디자인 오진희 일러스트 남동완, GIB
#진분수 #대분수 #덧셈 #뺄셈 #받아올림 #받아내림

분나네 찰떡같은 떡집 2호점

맛있는 떡빵의 비법은?

'분나 2호점'의 신메뉴는 '꿀이 잔뜩 든 떡빵'이에요. 분나가 적어둔 떡빵 요리법을 보고, 각각의 재료가 얼만큼씩 필요한지 빈칸에 적어보세요.

계산한 값이 가분수라면 대분수로 바꿔서 적어줘!

'꿀이 잔뜩 든 떡빵' 필요한 재료의 양

설탕	$\frac{1}{6}+\frac{3}{8}=$		작은술
꿀	$\frac{2}{3}+\frac{8}{9}=$		큰술
쌀가루	$1\frac{3}{8}+2\frac{3}{4}=$		컵
밀가루	$4\frac{1}{4}-2\frac{1}{2}=$		컵
물	$3-\frac{3}{4}=$		컵

분동이네 대빵 맛있는 빵집

부족한 재료를 채워라!

'분동 3호점'의 떡과 빵이 너무 잘 팔리는 바람에 쌀가루와 물이 모자라요. 분동이에게 필요한 쌀가루와 물통을 여러분이 가져와 주세요. 놀이북 23쪽의 곳간에서 장독대와 물통 도안을 오려 알맞게 붙여 보세요.

쌀가루
$3\frac{2}{5} + 2\frac{1}{5}$ 장독대
만큼 필요해.

물
$6\frac{1}{2} + 5\frac{3}{4}$ 통
만큼 필요해.

출동, 슈퍼 M
수학 궁금증 해결!
바쁘다 바빠! 24시간이 모자라~!

나만의 주말 생활계획표를 만들어 보세요. 잠자는 시간, 공부하는 시간, 노는 시간과 취미 시간 등을 골고루 채워 보세요!

글 장경아 객원기자 **진행** 최송이 기자(song1114@donga.com) **디자인** 김은지 **일러스트** 김태형
#슈퍼M #생활수학 #생활계획표 #분수 #덧셈

미션 1 — 계획을 세워 봐!

24시간 중에 얼마만큼을 각각의 시간에 쓸지 생각해서 아래의 표를 채우고, 그 시간이 하루 중 몇 시간에 해당하는지 분수로 나타내보세요. 약분이 되는 분수가 있다면 약분한 값을 적어보세요.

이름	잠자는 시간	식사 시간 (3회 합쳐서)	학습과 독서 학원 시간	취미와 운동 시간	노는 시간	기타
예시  김어수	10시간	3시간	4시간	3시간	3시간	1시간
	☐/☐	☐/☐	☐/☐	☐/☐	☐/☐	☐/☐

나만의 생활계획표 만들기

왼쪽 표를 보고 생활계획표를 만들어 보세요. 종류가 같은 칸끼리 같은 색으로 칠해서 구분해 보세요.

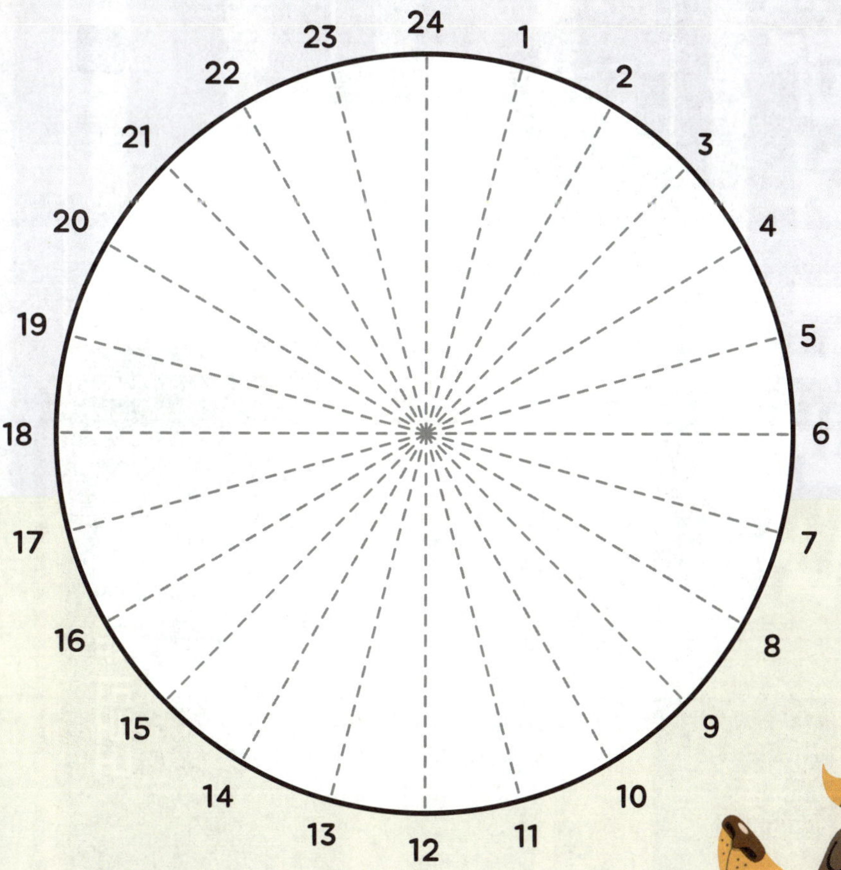

그림 속 숨은 메시지는?

민구는 SNS '별그램'에서 댓글이 잔뜩 달린 퀴즈를 발견한다. 그림 속 숨겨진 메시지를 찾는 퀴즈다. 민구의 머릿속을 번뜩 스친 생각! '이 퀴즈를 풀어서 댓글로 달면 내 팔로워가 더 늘어나겠군, 후훗!' 민구가 퀴즈를 풀 수 있도록 도와주자.

답이 적힌 칸의 한글을 적으세요.

① $\frac{4}{8} + 1 =$ ☐   ② $1\frac{1}{2} + \frac{1}{2} =$ ☐

③ $\left(\frac{1}{12} + \frac{3}{12}\right) \times \frac{5}{3} =$ ☐

④ $51 - 50 =$ ☐   ⑤ $\frac{2}{3} - \frac{1}{3} =$ ☐

⑥ $2 - \frac{3}{2} =$ ☐   ⑦ $\frac{1}{4} + \frac{1}{8} =$ ☐

분수의 덧셈을 할 때는 먼저 분모끼리 통분해야 해. $\frac{1}{4} + \frac{1}{8}$ 은 $\frac{1}{4}$의 분모와 분자에 각각 2를 곱해 8이 분모인 분수로 바꾼 뒤 계산하는 거야.

분수의 곱셈을 할 때, 분모는 분모끼리, 분자는 분자끼리 곱하면 돼. 예를 들어, $\frac{4}{5} \times \frac{5}{3}$ 는 분모인 12와 3을 곱하고, 분자인 4와 5를 곱하는 거야. 그리고 나서 분모와 분자를 약분*해 봐!

약분* 분수의 분모와 분자를 공약수로 나누어 간단한 분수로 만드는 거예요.

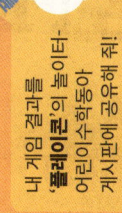

이 퀴스트를 해결하면 인플루언서력 +6

내 게임 결과를 '폴레이룬'의 놀이터-어린이수학동아 게시판에 공유해 줘!

말랑말랑 두뇌 퍼즐

두뇌의 다양한 영역을 개발하고 사고력을 키우는 데 퍼즐이 매우 유용해요. 논리력과 수리력, 공간지각력, 관찰력을 키우는 퍼즐을 통해 두뇌를 자극해 보세요!

글 최은솔 기자(eunsolcc@donga.com)
이미지 shutterstock
퍼즐 한국창의퍼즐협회
#온도계_스도쿠 #연산_피라미드 #마슈 #미로_탈출

논리 퍼즐

온도계 스도쿠

각 칸에 1부터 4까지 숫자 중 하나를 적어요. 가로줄과 세로줄, 굵은 선으로 구분한 공간에 같은 숫자가 반복되지 않아요. 하늘색 온도계의 시작(동그란 부분)부터 끝으로 갈수록 수가 커져요. 반드시 1씩 커지지 않아도 돼요.

예시

예시 정답

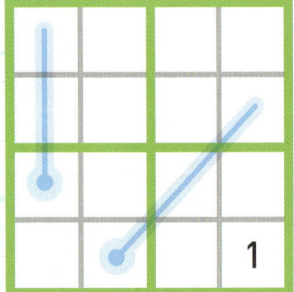

문제

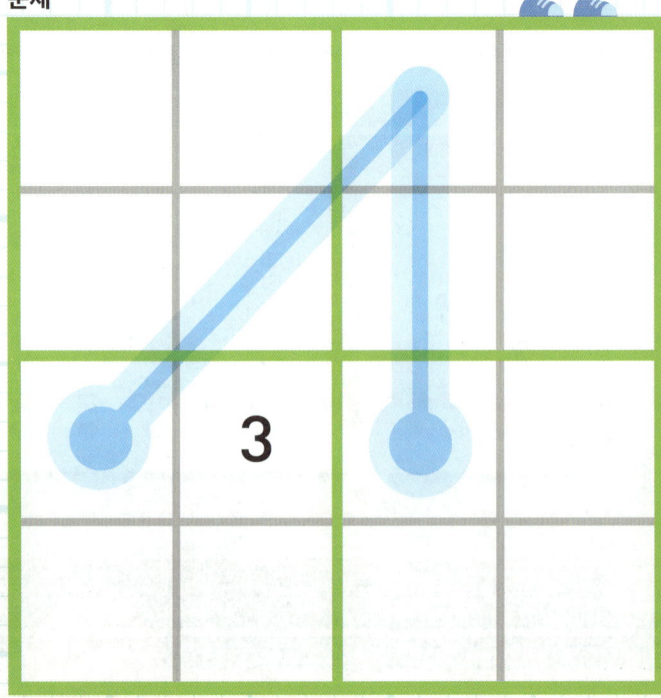

※한국창의퍼즐협회는 세계퍼즐연맹의 한국 운영기관으로, 퍼즐을 놀이이자 교육, 여가활동으로 널리 알리고자 설립한 단체입니다.

수리 퍼즐

연산 피라미드

아래 줄에서 나란히 붙어 있는 두 칸의 수를 더하면 위에 있는 칸의 수가 나오도록 빈칸에 알맞은 수를 적어요. 단, 0은 쓸 수 없어요.

예시

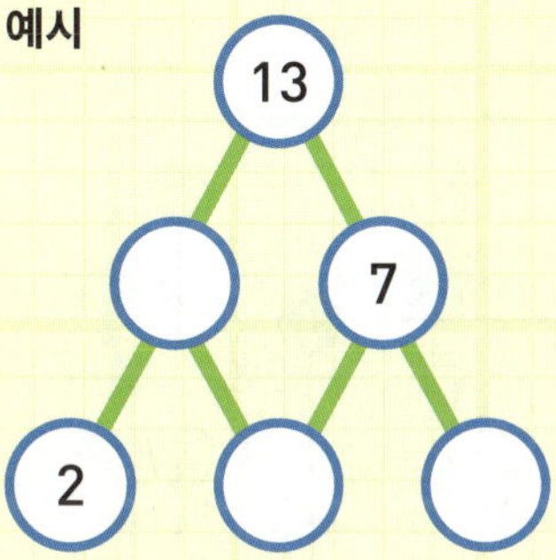

```
      13
     /  \
    ○    7
   / \  / \
  2   ○   ○
```

예시 정답

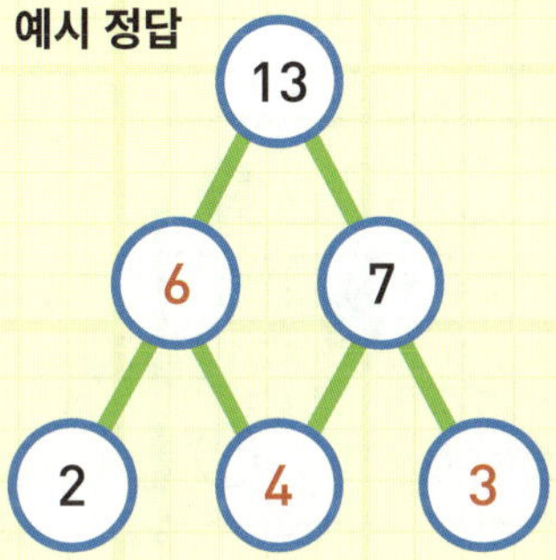

```
      13
     /  \
    6    7
   / \  / \
  2   4   3
```

문제

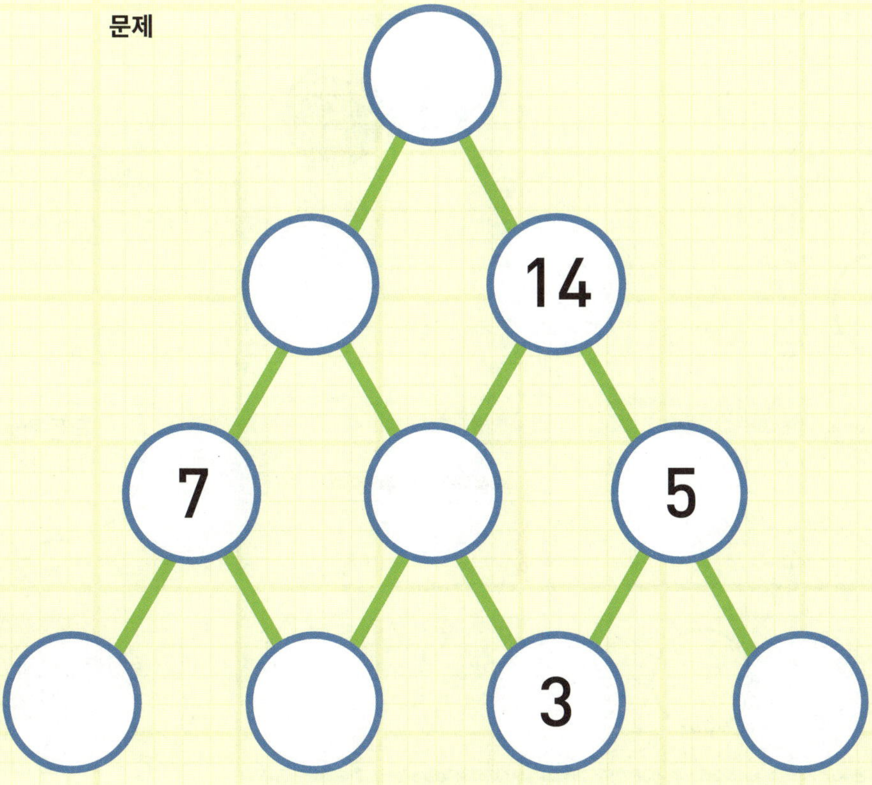

5를 더해서 14가 되는 수는 뭘까?

마슈

흰색 원과 검은색 원을 모두 한 번씩 지나는 고리 모양의 선을 그려요.
가로선, 세로선, 또는 직각으로 꺾인 선을 그리고, 선이 서로 겹치면 안 돼요.
흰색 원은 직선으로 통과하는 대신, 앞이나 뒤에서 적어도 1번은 꺾어야 해요.
검은색 원은 그 자리에서 선을 꺾는 대신, 앞이나 뒤 칸이 반드시 직선이어야 하지요.

예시

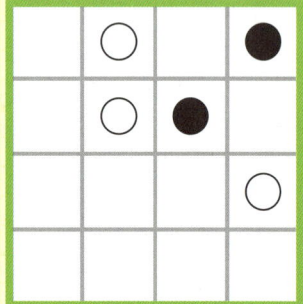

예시 정답

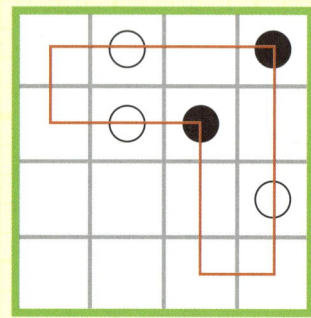

문제

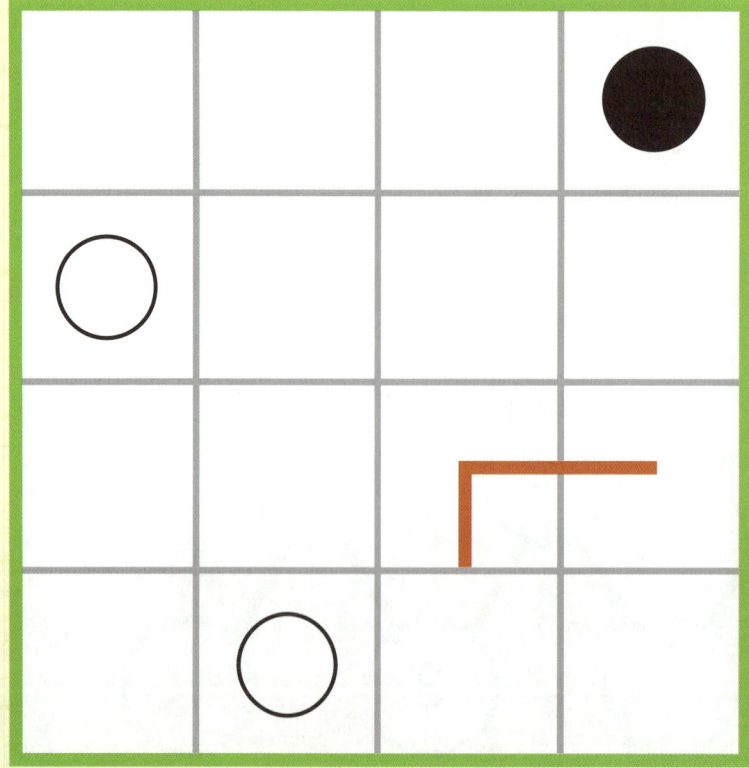

선이 모든 칸을 지날 필요는 없어!

미로 탈출

그림에 2개의 열린 문이 있어요. 한쪽 문에서 출발해 다른 쪽 문으로 나가려고 해요.
이때, 칸을 가장 적게 밟고 문을 나가려면 어떻게 지나야 할지 색칠해보세요.
연두색 선을 뚫고 지나갈 수는 없어요.

예시

예시 정답

문제

미로를 빠져나갈 수 있는 가장 짧은 길을 찾아봐!

어수동네 놀이터

담당 이다은 기자
(dana@donga.com)

'플레이콘'에 놀러오세요!
놀이터-어린이수학동아 게시판에 나의 놀이북 활동을 자랑해요. 추첨을 통해 독자 여러분께 선물을 드립니다!
<어수동> 속 재미있는 퀴즈와 게임의 정답도 플레이콘에서 확인할 수 있어요.

오늘의 챔피언
박수린
(srpark685)

바닷속을 꾸며 봤어요!

그림 미션

미션 장면 뒤에 어떤 일이 벌어질지 자유롭게 그려주세요!

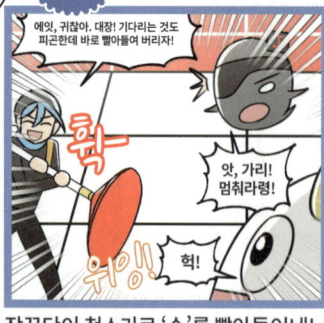

장꾸단이 청소기로 '수'를 빨아들이네! 어떻게 막을 수 있을까?

즐겁게 참여했습니다!
이채은(lovebokbok14)

주사위 던질 때마다 두근두근!
손지현(0401hyuk)

정답을 찾았어요!
최서연(blackjmr)

손가락 곱셈을 했어요.
장현호(loversp)

도전! M 체스 마스터

M 체스 세계에선 전투가 한창이에요. 체스는 암산 능력, 수치 해석 능력, 상황 판단 능력 등 전략적 사고력을 키우는 데 도움이 되지요. M 체스 세계의 전략 문제를 풀고, M 체스 마스터로 거듭나 봐요!

8×8 체스 경기장

체스판의 세로줄인 '파일'은 왼쪽부터 순서대로 a, b, c, d, …h로 읽고 가로줄인 '랭크'는 맨 아랫줄부터 순서대로 1~8의 숫자를 붙여요. 기물 위치는 파일의 알파벳과 랭크의 숫자 조합으로 표시하지요. 체스가 시작될 때 흰색 퀸은 d1에, 검은색 킹은 e8에 있지요.

체스 기물의 가치 점수

처음에는 앞으로 1칸 또는 2칸 이동하고, 그 이후에는 앞으로 1칸씩만 이동함. 공격할 때는 대각선 앞에 놓인 상대편 기물만 공격할 수 있음.

폰 1점

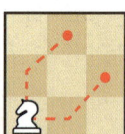

앞뒤나 양옆 중 한 방향으로 한 칸 움직인 다음, 그 방향의 대각선 왼쪽 또는 오른쪽으로 한 칸 더 움직임. 다른 기물을 뛰어넘을 수 있음.

나이트 3점

대각선 방향으로 원하는 만큼 움직임.

비숍 3점

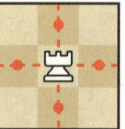

앞뒤와 양옆 직선 방향으로 원하는 만큼 움직임.

룩 5점

앞뒤, 양옆 직선 방향과 대각선 방향 어디로도 원하는 만큼 움직임.

퀸 9점

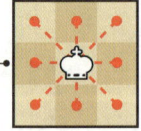

체스판에서 끝까지 지켜야 하는 왕. 앞뒤, 양옆 직선 방향과 대각선 방향으로 한 칸씩만 움직일 수 있음. 킹이 공격받는 상황에서 더이상 피할 수 없게 되면 게임이 끝남.

킹 무한대

직선으로 돌진! 룩

성벽처럼 생긴 '룩'은 체스에서 킹과 퀸 다음으로 가치가 높은 기물이에요. 앞, 뒤, 왼쪽, 오른쪽 직선 방향으로 원하는 만큼 움직일 수 있어요. 각 팀은 룩을 2개씩 가지고 있어서, 2개의 룩을 활용해 상대 킹을 공격할 수 있지요.

글 최송이 기자(song1114@donga.com) **콘텐츠** 박인찬 유소년 체스 국가대표 **디자인** 김은지 **일러스트** 이민형
#체스 #기물 #룩 #투룩체크메이트

박인찬
유소년 체스 국가대표

2022년 전국 유소년 체스 선수권 대회 U14 부문(만 14세 이하 남자)에서 1위를 했어요. 2023년에는 전국 유소년 체스 선수권 대회에서 전체 1위로 우리나라의 유소년 국가대표로 선정됐어요.

룩끼리 힘을 합쳐 공격!

체스판에 빈 공간이 많을 때 룩은 강력한 힘을 발휘해요. 자신이 서 있는 자리의 가로 행과 세로 열을 모두 공격할 수 있어서, 상대 팀 킹이 꼼짝할 수 없게 만들지요. 룩 2개가 힘을 합치면 상대 팀 킹을 더 쉽게 체크메이트 할 수 있어요. 아래 그림에서 g7의 룩이 7랭크를 모두 차지하고 있는 탓에 검은색 킹은 아래로 이동하지 못해요. 이때, 또 다른 흰색 룩을 h8에 두면 검은색 킹은 체크메이트 당해요. 이렇게 룩 2개로 상대 팀 킹을 체크메이트 하는 것을 '투 룩 체크메이트'라고도 한답니다.

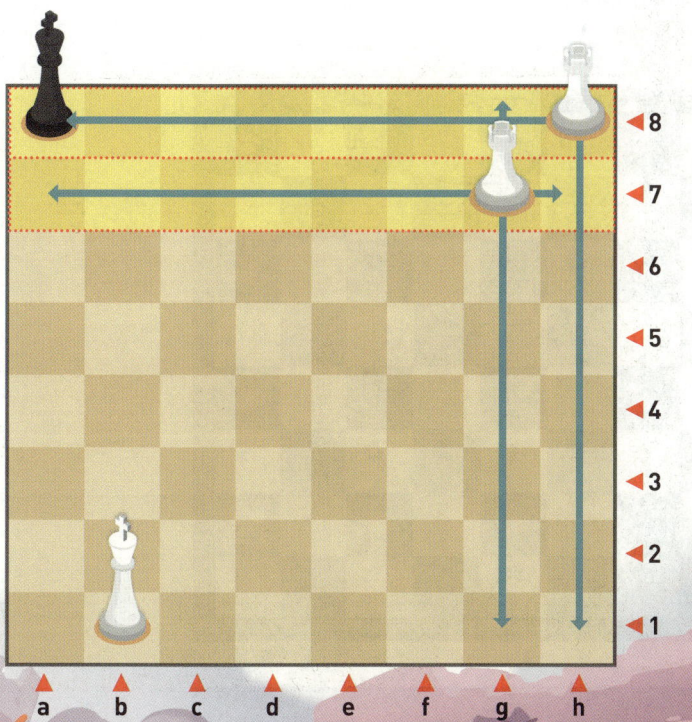

도전! M 체스 마스터 전략 퀴즈

 표시된 룩이 정해진 칸(■)을 모두 지나가려면 최소한 몇 번 움직여야 할까요?

직선 방향이면 어디든 갈 수 있어!

 표시된 룩을 이동해 검은색 킹을 체크메이트 하려면 어느 칸으로 이동해야 할까요?

힘을 합치면 우린 천하무적!

21~22쪽에서 나만의 마스터 카드를 완성해 봐!

룩 마스터 카드

M 체스 마스터가 되려면 노력과 인내의 시간을 거쳐야 하지. 룩의 행마법을 배운 너희에게 M 체스 마스터 카드를 줄게. 앞으로도 체스 전략을 익히고 카드를 열심히 모으면 M 체스 마스터가 될 수 있을 거야. 오른쪽 카드에 있는 '레벨 업 퀴즈'를 풀면 M 체스 마스터에 한 발짝 더 다가갈 수 있어!

#체스 #말 #기물 #룩 #투룩체크메이트

표시된 룩이 검은색 킹을 위협(체크)하려면 어디로 움직여야 할까요?

표시된 룩이 검은색 킹을 체크메이트 하려면 어디로 움직여야 할까요?

김사랑 국가대표가 알려주는 **체스 비법**

오른쪽 카드엔 항저우 아시안게임 체스 종목 최연소 국가대표인 김사랑 선수가 알려주는 체스 전략이 담겨있어. 왼쪽 카드에는 너희가 생각하는 '직진하는 룩'과 '룩의 팀워크'의 모습을 자유롭게 그리고 특징을 적어 줘. 나만의 M 체스 마스터 카드를 완성해서 '플레이콘'의 놀이터-어린이수학동아 게시판에 올리면 추첨을 통해 선물도 준대!

직진하는 룩

특징:

직진하는 룩

전략 1 흰색 팀의 차례예요. e4의 흰색 룩은 4랭크와 e파일의 어느 곳으로도 갈 수 있어서 a4의 검은색 폰을 잡을 수 있어요. 하지만 같은 팀인 흰색 폰이 e2를 막고 있어서 e1과 e2로는 이동할 수 없지요.

룩의 팀워크

특징:

룩의 팀워크

전략 2 흰색 팀의 차례예요. c7의 흰색 룩이 7랭크를 막고 있어서 검은색 킹은 아래로 움직이지 못하고 e8과 g8으로만 움직일 수 있어요. 이때, h3의 흰색 룩이 h8으로 움직이면 검은색 킹은 흰색 룩을 잡거나, 막거나, 피할 수도 없어서 체크메이트가 돼요.

분나와 분동이네 곳간

1	1	1	1	1	1
$\frac{3}{5}$	$\frac{2}{5}$	$\frac{2}{5}$	$\frac{1}{5}$	$\frac{1}{5}$	$\frac{1}{5}$
$\frac{1}{10}$	$\frac{1}{10}$	$\frac{1}{10}$	$\frac{1}{10}$	$\frac{1}{10}$	$\frac{1}{10}$

1	1	1	1	1	1	1	1	1	1
1	1	1	$\frac{1}{2}$	$\frac{1}{2}$	$\frac{1}{2}$	$\frac{1}{4}$	$\frac{1}{4}$	$\frac{1}{4}$	$\frac{1}{4}$

오려서 놀이북 7쪽에 붙여주세요.

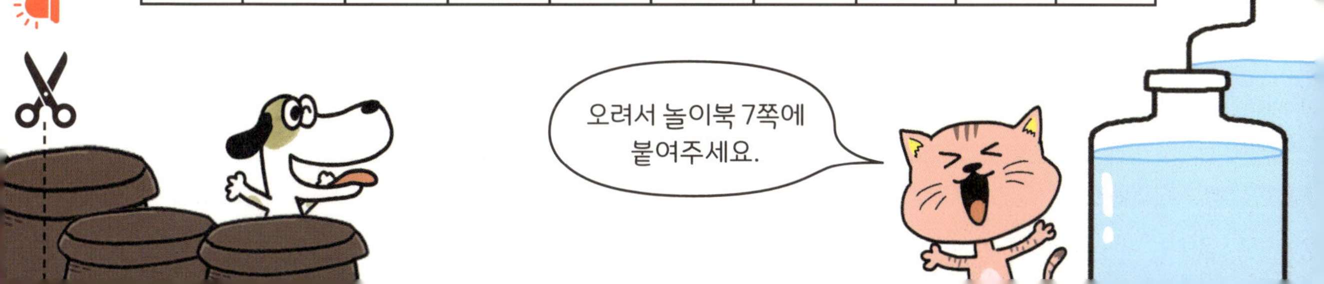

MEMO

똥손 수학 체험실

~노릇노릇~ 분수 피자

여섯 판의 피자를 정해진 분수 조각으로 오려서 피자 한 판 완성하기 게임에 사용하세요!

$\frac{1}{2}$

$\frac{1}{3}$

$\frac{1}{4}$

$\frac{1}{5}$

$\frac{1}{8}$

$\frac{1}{12}$

가위를 사용할 땐 다치지 않게 조심하세요.

초등 과학의 모든 것

어과동엔 다-있다!

지구사랑탐사대 — 생태 과학자와 함께하는 자연 탐사 활동

디라이브러리 — 어과동, 어수동, 과학동아, 수학동아 모두! 창간호~최신호 무료 열람

온라인스쿨 — 영상으로 즐기는 책 속의 기사와 과학 실험들

어과동기자단 — 과학관, 박물관 무료 입장에 글쓰기 첨삭까지

커뮤니티 — 또래 친구들과 이야기하고 토론하는 곳

어과동으로 가자!

1권 무료로 읽어보기

어린이과학동아 독자모델 안태현 군

정기구독 신청 02-6749-2002

어린이과학동아 무료체험

어린이 수학동아

2023년 9월 1일 초판 1쇄 발행

지은이 어린이수학동아 편집부
펴낸이 장경애
본부장 고선아

편집 최은혜, 최송이, 조현영, 최은솔, 이다은
디자인 오진희, 김은지
마케팅 이성우, 홍은선, 유유석, 전창현, 이고은

일러스트 동아사이언스, 강경진, 밤곰, 남동완, 냠냠OK, 김태형, 이민형, 허경미
만화 소노수정, 이은섭, 주로, 최수경, 하성호, 홍승우
사진 게티이미지뱅크(GIB), 위키미디어(W)
인쇄 북토리

펴낸곳 동아사이언스
출판등록 제2013-000081호
주소 (04370) 서울특별시 용산구 청파로 109 7층
전화 (02)6749-2002
홈페이지 www.dongascience.com
      www.popcornplanet.co.kr

이 책에 실린 글의 저작권은 어린이수학동아 및 저자에게 있습니다.
무단전재와 무단복제를 금합니다.

ⓒ동아사이언스